ein musikalisches Kochbuch
zur Unterstützung der Dresdner Philharmonie

zusammengestellt
von Heide Süß und Julia Distler

SANDSTEIN

Encore! Neue Kulinarische Kompositionen

Dresdner kochen für die Philharmonie

Encore!

Encore – ein weiterer Band mit Lieblingsrezepten Dresdner Bürger und Freunden dieser einzigartigen Kulturstadt und ihres Orchesters von Weltruf

Encore – ein erlesenes Essen als Zugabe zu einem begeisternden Konzert als Verbindung von Kunstgenuss und Gaumenfreude

Encore – so der Titel der CD, die diesem Buch beigefügt ist

Wir bedanken uns bei allen, die uns ihr Lieblingsrezept zur Verfügung gestellt haben. Die Rezepte sind so bunt und vielfältig wie die Musik. Traditionelle Kochkunst mischt sich mit Neuem und Exotischem, das junge Freunde aus der Ferne mitgebracht haben. Kleine Geschichten zum Rezept, Erinnerungen an die Kindheit und Traditionen in der Familie bereichern die Sammlung.

Es ist schwer und oft unmöglich, die Herkunft eines Rezeptes anzugeben. Wir danken allen Köchen, die Rezeptbücher verfasst haben und deren Eintragungen weitergegeben worden sind.

im Sandstein Verlag
bereits erschienen

Besonderer Dank gebührt den Künstlern, die dieses »Joint Venture« von Kunst, Kochen und Musik durch die großzügige und kostenlose Bereitstellung ihrer Werke unterstützt haben.
Das Sammeln und Aufbereiten der Rezepte und die Auswahl der Kunstwerke hat uns viel Freude gemacht.

Heide Süß und Julia Distler
Dresden, im November 2011

Prolog

»Zugabe!« oder international »Encore!« heißt es, wenn die Dresdner Philharmonie auf ihren nationalen und internationalen Konzertreisen nach einer erfolgreichen Aufführung vom Publikum aufgefordert wird, noch etwas zu spielen. Genauso verhält es sich mit diesem wunderschönen dritten Band, für den ich Frau Heide Süß und Frau Julia Distler herzlich danken möchte und mit dem sie die Erfolgsreihe der Koch- und Backbücher fortsetzen. Ich weiß, dass viele darauf gehofft und gewartet haben.

Ich bin außerordentlich dankbar für das selbstlose Engagement der beiden Damen und freue mich natürlich sehr, dass der Erlös aus dem Verkauf der Bücher wieder dem Förderverein der Dresdner Philharmonie e. V. zugute kommen wird. Dies umso mehr, als unser Förderverein für die kommenden Jahre eine bedeutende Aufgabe für die Dresdner Philharmonie übernommen hat.

Der Verein übernimmt die Bauherrenschaft und Finanzierung einer Konzertsaalorgel für den neuen Konzertsaal im umgebauten Kulturpalast und wird auf diese Weise seinen langjährigen und unermüdlichen Einsatz für einen angemessenen Konzertsaal für die Dresdner Philharmonie mit der Beisteuerung der Königin der Instrumente wahrhaft krönen.

So leisten nicht nur die beiden Damen als stets engagierte Mitglieder unseres Fördervereins, sondern jeder Käufer dieses Buches einen Beitrag zur Erreichung dieses großen Zieles.

Wie bei den ersten beiden Büchern steuert die Dresdner Philharmonie wieder eine schöne CD bei, diesmal – wie sollte es bei diesem Buch anders sein – mit dem Titel »Encore!« eine Zusammenstellung der meistgespielten und erfolgreichsten Zugaben der Dresdner Philharmonie bei Konzerten in der ganzen Welt.

Der Genuss perfekt zubereiteter Speisen ist wie die Musik: ein flüchtiges Vergnügen. So wie ein Komponist in seiner Partitur seiner Kunst Ewigkeit verleiht, so wählt ein Koch eine Sammlung seiner Rezepte als Mittel, um den vergänglichen Freuden kulinarischer Genüsse ein wenig Dauer zu verleihen. Und nun lassen Sie sich von den Rezepten dieses Kochbuches begeistern!

Anselm Rose
Intendant der Dresdner Philharmonie

Programm

Vorspeisen
Ouvertures

**Eine Empfehlung von
Georg Brüggen**

Vitello tonnato

10

Zutaten für 6 Personen:

Für das Fleisch:

- 1 – 1,5 kg Kalbsbraten (mager)
- 1 Stange Staudensellerie ohne Blätter
- 1 Lorbeerblatt
- 1 mittelgroße Zwiebel
- 1 mittelgroße Möhre
- 2 – 3 Stängel glatte Petersilie

Für die Thunfischsoße:

- 1 rohes Ei
- 200 – 400 ml Rapsöl
- 150 – 300 g Thunfisch (im Sud)
- 3 – 5 Anchovifilets
- 3 – 5 EL Kapern

Zubereitung Fleisch:

Alle Fleischzutaten in einen Topf geben, in den das Fleisch bequem hinein passt, ohne dass allzu viel Raum im Topf verbleibt. Der Topf wird mit Wasser aufgefüllt, bis das Fleisch bedeckt ist. Nach dieser »Anprobe« wird das Fleisch wieder herausgenommen.

Der im Topf verbliebene Rest wird im abgedeckten Topf zum Kochen gebracht. Das Fleisch wird hinzugegeben. Wenn das Wasser erneut seinen Siedepunkt erreicht, wird der Topf mit dem Deckel abgedeckt und die Temperatur des Herdes vermindert, damit das Wasser nur köchelt. Dabei sollte das Fleisch vollkommen mit Wasser bedeckt bleiben.

Der Garvorgang benötigt je nach Menge des Fleisches 100 – 130 Minuten. Danach den Topf vom Herd nehmen und den Kalbsbraten in der Brühe abkühlen lassen.

Zubereitung Soße:

Die Anchovis unter fließendem Wasser waschen und danach an die Seite legen. Das rohe Ei aufschlagen und in eine Küchenmaschine geben (Einsatz: Schneidemesser). Die Küchenmaschine auf die höchste Stufe stellen und nach und nach Rapsöl dazu geben.

Den abgetropften Thunfisch in die so entstandene
Mayonnaise geben, ebenso die Anchovis und Kapern.
Erst jetzt die Küchenmaschine ausstellen.
Bei Bedarf nachsalzen oder je nach Geschmack etwas
Zitronensaft zugeben.

Das kalte Fleisch wird am besten mit einem Allesschneider
nicht zu dick aufgeschnitten. Etwas Soße auf der Servierplatte verteilen und die Fleischscheiben leicht überlappend

anrichten. Sodann das Fleisch mit der Soße übergießen,
bis es vollständig abgedeckt ist. Die Servierplatte mit
Klarsichtfolie schützen und in den Kühlschrank geben.
Nicht zu kalt servieren und mit Kapern oder einigen Tropfen
Cumberlandsoße garnieren.

Vitello tonnato stammt aus dem Piemont und ist dort
anders als in Deutschland als Hauptspeise unbekannt.

**Eine Empfehlung von
Anne und Andreas Baumann**

Rindfleischröllchen
mit Lauchzwiebeln

Von den Lauchzwiebeln die Wurzelansätze abschneiden und wenn nötig welke Blätter abziehen, waschen und trocken tupfen. Champignons putzen und in Scheiben schneiden. Von den Fleischscheiben den Fettrand abschneiden.

Fleischscheiben nebeneinander auf die Arbeitsplatte legen und mit Sambal manis und Cayennepfeffer bestreichen. Lauchzwiebeln quer auf die Fleischscheiben legen, dabei an jeder Seite etwa 2 cm überstehen lassen. Je einen Champignon in die Mitte geben und Fleischscheiben aufrollen.

2 EL Öl in einer großen Pfanne erhitzen und sechs Röllchen nebeneinander in die Pfanne legen. Fleischröllchen rundherum etwa 5 Minuten braten. Röllchen herausnehmen und warm stellen. Bratfett abgießen, restliches Öl erhitzen und die restlichen Röllchen genauso braten, danach herausnehmen und ebenfalls warm stellen.

Rinderbrühe in die Pfanne geben, dabei den Bratensatz loskochen und alles aufkochen lassen. Korianderblättchen abzupfen und dazugeben. Die Soße mit Olivenöl und Sojasoße abschmecken und heiß über die Röllchen geben.

Zutaten für 4 Personen:

◇ *2 Bund Lauchzwiebeln*
◇ *100 g Champignons*
◇ *12 sehr dünne Scheiben Rumpsteak à 25 g*
◇ *1–2 TL Sambal manis*
◇ *Cayennepfeffer nach Wunsch*
◇ *4 EL Öl*
◇ *200 ml Rindfleischbrühe (instant)*
◇ *½ Bund Koriander*
◇ *Olivenöl, süße Sojasoße*

Rindfleisch-Röllchen, auch »Grünes Hoffnungsglück« genannt, sind leicht und kalorienarm.
Mit knackig-frischer Füllung sind sie ein Party-Hit.

Mild gebeizter Lachs im Eier-Crêpe auf Dill-Schmand mit kross gebratenen Reibekuchen

**Eine Empfehlung
von Ralf J. Kutzner**

Zutaten für 4 Personen:

- 400 g mild gebeizter Lachs in dünne Scheiben geschnitten
- 160 g Schmand
- 1 Strauß Dill
- 10 Kirschtomaten
- Salz, Pfeffer

Für die Reibekuchen:

- 8 mittelgroße Kartoffeln
- 1 EL Haferflocken
- 2 Eier
- Salz, Pfeffer, Muskatnuss

Für die Crêpes:

- 150 g Weizenmehl
- Prise Salz
- 2 Eier
- ¼ l Milch
- 1 EL flüssige Butter

Die Zutaten für die Crêpes mischen und in einer Teflonpfanne dünn ausbacken. Leicht auskühlen lassen und mit einem Teil des gewürzten Schmands bestreichen. Den Lachs auf den Schmand geben und die Crêpes einrollen. Die Röllchen in Klarsichtfolie eng einwickeln und kaltstellen (ca. 1 Stunde). Die Röllchen anschließend herausnehmen, aus der Folie auspacken und in ca. 2 cm große Stücke schneiden. Auf einem flachen großen Teller anrichten.

Den restlichen Schmand mit Salz und Pfeffer abschmecken und rechts und links neben die Lachsrolladen geben. Die Kirschtomaten halbieren, würzen und auf den Schmand setzten. Mit einem Sträußchen Dill garnieren.

Die Kartoffeln schälen, grob reiben, Eier und Haferflocken hinzugeben. Mit den Gewürzen abschmecken. In einer heißen Panne in Pflanzenfett die Reibekuchen schön knusprig von beiden Seiten ausbacken.

Die fertigen Reibkuchen kurz auf einem Tuch abtropfen, und in der Mitte des Tellers anrichten. Umgehend servieren. Guten Appetit. Hierzu passt hervorragend ein Weißburgunder aus unserer Region…

Als junger Küchenchef gehörte dieses Gericht zu den erfolgreichsten auf der Speisenkarte!
Es hat im Laufe der Jahre offensichtlich nichts an Attraktivität eingebüßt und erfreut sich immer noch großer Beliebtheit.

Bunter Vorspeisenteller

**Eine Empfehlung von
Helga Zimmermann-Höffken
und Prof. Dr. Gert Höffken**

14

Zutaten für 6 Personen:

- *6 große Erdbeeren mit Kelchblättern (mit den Blättern längs halbiert)*
- *1 Kästchen Himbeeren*
- *1 Kästchen rote Johannisbeeren an der Rispe*
- *1 Packung weiche Backpflaumen*
- *trockener Sherry zum Einlegen*
- *etwas Öl zum Einpinseln*
- *1 Packung griechischer Schafskäse (Feta)*
- *3 EL Tellerlinsen*
- *3 mitteldicke Lauchstangen*
- *ca. 300 g Gouda Käse (zum Umwickeln)*

Drei Tage vorher werden die Linsen zum Keimen mit kaltem Wasser gespült, offen auf dem Teller stehen gelassen und regelmäßig über einem Sieb abgespült, bis sie auskeimen und kleine Blattansätze bekommen.

Die Backpflaumen werden mit dem Sherry übergossen und einen Tag lang abgedeckt stehen gelassen.

Den Lauch nach dem Waschen in ca. 7 cm lange Stücke schneiden (das dunkle Grün nicht verwenden) und mit 1 – 2 Zahnstochern fixieren. Wasser mit 1 TL Salz aufkochen und die Lauchstücke 3 – 4 Minuten darin ziehen lassen, herausnehmen, abtropfen lassen, Zahnstocher entfernen, mit einer Scheibe Gouda umwickeln und in eine gebutterte feuerfeste Form legen. Bei 180° C Umluft im Herd ca. 6 Minuten überbacken.

Die Backpflaumen aus dem Sherry nehmen, den Schafskäse in ca. 1 cm große Würfel schneiden und je eine Pflaume mit einem Käsewürfel füllen. Das Ganze mit etwas Rapsöl oder anderem neutralen Öl einpinseln, auf ein Blech legen und bei 180° C Umluft im Herd ca. 10 Minuten backen.

Teller vorbereiten und die Früchte, die Backpflaumen, die gekeimten Linsen und den Lauch auf dem Teller dekorativ anrichten und darauf achten, dass jeder Teller gleich aussieht.

Zum jährlichen Adventstreffen, an dem sich die große Familie bei uns in Dresden traf, war das ausgedehnte Abendessen immer ein Höhepunkt. Die Verwandtschaft ließ sich gerne von neuen Gerichten überraschen, nur Eines musste immer dabei sein: Der bunte Vorspeisenteller.

Zugegeben, das war immer der aufwendigste Teil des Menüs. Drei Tage vorher wurden die Linsen zum Keimen angesetzt, die Backpflaumen einen Tag vor dem Essen in Dry Sherry eingelegt. Dafür war der ganze Teller mit allen anderen kleinen Leckereien ein bunter, appetitlicher und gesunder Beginn der vorweihnachtlichen Schlemmerei.

**Eine Empfehlung
von Anselm Rose**

Jakobsmuscheln an Linsen-Koriander-Püree

Zutaten für 4 Personen:

◇ *400 g rote Linsen*
◇ *2 Möhren*
◇ *5–6 Jakobsmuscheln
(nur das Fleisch) pro Person*
◇ *2 EL frischer Koriander*
◇ *1 gehäufter TL
getrockneter Koriander*
◇ *4–5 TL Wasabi*
◇ *150 g Schlagsahne*
◇ *Saft einer halben Limette*
◇ *Salz, Pfeffer*
◇ *gutes Olivenöl (nicht geizen!)*
◇ *Gemüsebrühe*

Die Linsen ohne Salz oder Brühe bissfest kochen. Die geschälten und in Scheiben geschnittenen Möhren mitkochen. Ca. 1 Minute vor Ende der Kochzeit die Gemüsebrühe hinzugeben. Abgießen im Sieb. Wichtig: Einige Minuten gut abtropfen lassen und mit dem (Holz-) Kochlöffel ein wenig nachhelfen. Etwa 3 EL Olivenöl hinzugeben und pürieren. Mit dem getrockneten Koriander, Salz und Pfeffer abschmecken. Zum Schluss frischen Koriander (gezupfte Blättchen) drunter heben.

Die Jacobsmuscheln waschen, gut abtrocknen und in Olivenöl bei hoher Hitze anbraten. Achtung: Je kürzer, desto besser. Die Muscheln werden schnell zäh, deshalb sollte man sie lieber innen ein wenig roh genießen.
Meine Empfehlung: 20–30 Sekunden (!) von beiden Seiten anbraten und erst zum Schluss salzen.

Die Sahne nahezu steif schlagen, Limettensaft und Wasabi hinzugeben. Kurz erneut aufschlagen und anschließend mit Salz abschmecken. Linsen und Jacobsmuscheln warm servieren. Die Wasabi-Limetten-Sahne separat reichen.

mit Wasabi-Limetten-Sahne

Das Kochen und das anschließende Essen zu genießen, ist eine wahre Leidenschaft für mich geworden. Und wenn es mir gelingt, die verwöhnten und kritischen Gaumen meiner Frau, meiner Familie oder meiner Freunde zufriedenzustellen, so ist mir das Ehre und Verpflichtung zugleich. Letzteres natürlich insbesondere, weil auch hier die alte Fußballerregel gilt: Nach dem Spiel ist vor dem Spiel. Sprich: An die nächsten Kochversuche werden am besten noch höhere Erwartungen geknüpft. Nun denn: Gerne koche ich in letzter Zeit mediterran und vor allem Fisch oder Meeresfrüchte. Aus den vorgenannten Motivationsschüben probiere ich vieles mehrfach aus und ergänze es mit selbst Erfundenem, bevor ich mich traue, es den eingangs erwähnten Schleckermäulern zu kredenzen.

Das Gericht aß ich selbst in einem Restaurant in der Provence und kochte es nach. Die Koriandernote ergänzte ich ebenso wie die Wasabi-Limetten-Sahne, die sich aus der Mittelmeer- und japanischen Küche speist.
Das Gericht eignet sich hervorragend als Vorspeise, zum Hauptgang empfehle ich Fisch, z. B. eine Dorade Royale vom Grill (oder aus dem Ofen). Als Weißwein zu Meeresfrüchten empfehle ich einen Albarino aus Galizien, einen Vermentino aus der Toskana oder – etwas kräftiger – einen Verdejo aus dem Rueda (Spanien). Viel Spaß beim Nachkochen!

**Eine Empfehlung von
Sybille und Geert Mackenroth**

Crostini alla Toscana

Zutaten für 4 Personen:

- ◇ 2 Selleriestangen
- ◇ 1 Zwiebel
- ◇ 1 Karotte
- ◇ 2 EL Butter
- ◇ 100 ml Weißwein
- ◇ 3 EL gehackte Petersilie
- ◇ 200 g Geflügelleber
- ◇ 1 EL Kapern
- ◇ 6 Sardellenfilets
- ◇ 2–3 EL Fleischbrühe
- ◇ 1 EL Butter
- ◇ 16 Baguettescheiben oder
  Toastbrot diagonal geviertelt

Selleriestangen, Zwiebeln und Karotte grob hacken und in 1 EL Butter dünsten. Das Gemüse soll ein wenig Farbe annehmen. Mit Weißwein ablöschen. Petersilie beifügen und ca. 15 Minuten leicht köcheln lassen. Geflügelleber in Stücke schneiden und in einer Pfanne in 1 EL Butter braten, bis sie nicht mehr roh ist. Zusammen mit den zerkleinerten Sardellenfilets und den Kapern zum Gemüse geben. Die Leber-Gemüse-Mischung mit einem Zauberstab pürieren. Butter und Fleischbrühe unterziehen. Baguettescheiben im Ofen oder im Toaster rösten, Lebermasse darauf verteilen, mit Petersilienblättern dekorieren und sofort servieren.

Das waren noch Zeiten, Anfang der Siebzigerjahre. Urlaub mit unmöglichen Fahrzeugen, überlangen Fahrten über Bundesstraßen und Alpenpässe, mit Zeltausrüstung und kleinstem Geldbeutel, bis zum Ziel der studentischen Winterträume: Italien. Verona. Hitze und Lebensart.
Mittäglicher Bummel über die sympathisch italienische Via Mazzini auf der Suche nach etwas Essbarem. In einer unscheinbaren Kneipe fragte uns der Kellner nach unseren Wünschen: »Piccola merenda per tutti, vino sfuso?«
Was ist das? Wissen wir nicht – wir nickten sorgenvoll und erhielten eine Fülle von Vorspeisen, eine ausgefallener und typischer als die andere. Einzigartige Geschmackserlebnisse, mit zunehmendem Weinkonsum immer intensiver.
Heute hat sich in der Via Mazzini viel verändert, das Lokal ist jetzt eine bemerkenswert solide italienische Trattoria. Die Qualität stimmt immer noch, jedenfalls im letzten Jahr.

**Eine Empfehlung von
Anett Friese-Schlagloth**

Gebackener Ziegenkäse mit Paprikaschote und Minzesalat

Zutaten für 4 Personen:

- ◇ *2 große Paprikaschoten*
- ◇ *4 mittelreife runde Ziegenkäse, je 75 g*
- ◇ *2 Eier*
- ◇ *Salz, frisch gemahlener Pfeffer*
- ◇ *1 TL Thymianblättchen*
- ◇ *30 g Mehl*
- ◇ *3 – 4 EL Olivenöl*

Für den Minzesalat:

- ◇ *1 Knoblauchzehe*
- ◇ *40 g Zwiebeln*
- ◇ *4 EL Olivenöl*
- ◇ *2 EL Weißweinessig*
- ◇ *Salz, frisch gemahlener Pfeffer*
- ◇ *50 g Pfefferminze*

- ◇ *Olivenöl zum Einpinseln*
- ◇ *4 Holzspieße*
- ◇ *12 schwarze Oliven zum Garnieren*

Paprikaschoten im vorgeheizten Backofen bei 200°C backen bis sich Blasen bilden und danach von oben nach unten die Haut abziehen. Die Schoten längs halbieren und Stielansätze, Samen und Scheidewände entfernen.

Nun die Vinaigrette für den Minzesalat herstellen. Dafür Knoblauch und Zwiebeln schälen und beides fein würfeln. In eine Schüssel geben und mit Essig und Öl, Salz und Pfeffer verrühren. Die Minze waschen, gut abtropfen lassen und grob zerpflücken.
Den Ziegenkäse quer halbieren. Die Eier in einem tiefen Teller verquirlen und mit Salz, Pfeffer und Thymian würzen. Das Mehl auf einen tiefen Teller schütten. Die Paprikahälften mit Olivenöl einpinseln, auf eine Grillplatte oder in eine Pfanne legen und 2 – 3 Minuten grillen oder braten.

Den Ziegenkäse zuerst in Mehl wenden, überschüssiges Mehl abklopfen, dann in den verquirlten Eiern wenden und zum Schluss nochmals in Mehl wenden. Das Öl in der Pfanne erhitzen und den Käse darin auf beiden Seiten braten.

Die Minze mit der Vinaigrette vermischen. Je eine gebackene Käsehälfte auf vorgewärmten Tellern anrichten, die gegrillte oder gebackene Paprikahälfte der Form entsprechend darauf legen und die zweite Käsehälfte darauf setzen. Jeweils mit einem Holzspießchen feststecken.
Etwas Minzesalat daneben anrichten und den gebackenen Ziegenkäse mit Oliven garniert servieren.

Kartoffeltatar

**Eine Empfehlung von
Dr. Margareta Noeske**

20

Zutaten für 4 Personen:

- ◊ *500 g vorwiegend festkochende Kartoffeln*
- ◊ *Meersalz*
- ◊ *1 mittelgroßer Zucchino*
- ◊ *2 feste Tomaten*
- ◊ *Kräuter der Provence*
- ◊ *150 g Butter*
- ◊ *1 EL frische Korianderblätter oder Petersilie*

Kartoffeln gut waschen (es gibt wunderbare Handschuhe, die speziell zum Waschen von Kartoffeln erfunden wurden: Firma scrub'a Danish Design), in mit Meersalz gesalzenem Wasser gar kochen.

In der Zwischenzeit den Zucchino waschen und in kleine Würfel schneiden. Die Tomaten kurz mit heißem Wasser überbrühen, Schale abziehen und ebenfalls würfeln.
Die Zucchini- und Tomatenstücke schnell in etwas Butter andünsten, mit Salz und Pfeffer sowie Kräutern der Provence würzen. Wer es scharf haben möchte, kann etwas Chilischote vor dem Gemüse andünsten. Nicht matschig werden lassen!

Die Kartoffeln abziehen und mit einer Gabel in Stücke zerteilen, nicht zu stark, damit es keinen Brei ergibt. Butter erhitzen und über die Kartoffeln gießen. Zucchini- sowie Tomatenwürfel und fein gezupften Koriander dazugeben und vermischen.

Auf vorgewärmten Tellern in einen Dessertring (bis 8 cm) füllen. Mit Koriander oder Petersilie garnieren, vielleicht noch etwas schwarzen Pfeffer aus der Pfeffermühle darüber mahlen, Dessertring entfernen und servieren.

Eignet sich als Vorspeise mit und ohne hübscher Salatgarnitur oder als Beilage mit einem kurz gebratenen Schweinemedaillon, selbstverständlich auch mit gebratenem oder rohem geräucherten Lachs.

Der Schweizer Künstler Rémy Zaugg, mit dem ich über viele Jahre gearbeitet habe, pflegte zu sagen: »Die Kunst ist älter als die Kartoffel!« Damit wollte er zum Ausdruck bringen, dass in der Tat kein Künstler von vorn anfängt. Er baut wie ein Wissenschaftler auf den Errungenschaften derjenigen auf, die vor ihm gemalt haben.

Man schätzt das Alter der Kartoffel auf etwa 13 000 Jahre; nach Europa kam sie in Fässern um das Jahr 1570. Die ersten Höhlenmalereien datiert man um 32 000 vor Christus. Sie befinden sich in Südfrankreich.

Das Deutsche Sortenamt hat 206 Kartoffelsorten nach dem Stand vom 20. Mai 2011 zugelassen und in der Sortenliste eingetragen. Meine Lieblingssorten sind »Ackersegen« (mehlig kochend), »Clivia«, »Hansa« und »Sieglinde« (alle festkochend).

Suppen & Soßen

Préludes

Schotensuppe

Eine Empfehlung von Katharina und Frank Jürgen Schaefer

24

Zutaten für 4 Personen:

- 500 g Rindfleisch (Beinscheibe oder Bug zusammen mit einigen Suppenknochen)
- 1 Bund Suppengrün
- Salz
- 2 l Wasser
- 300 g Erbsen (TK) oder 1kg frische Erbsen
- 4 altbackene Brötchen, eingeweicht
- Semmelbrösel von 2 altbackenen Brötchen
- 2 EL flüssige Butter
- 2 EL flüssiges Biskin
- 3 gehäufte EL Mehl
- 2 Eier
- Salz
- frisch geriebene Muskatnuss
- 1 großes Bund Petersilie

Das Rindfleisch und die Suppenknochen mit dem geputzten, zerkleinerten Suppengrün in kaltem Salzwasser aufkochen lassen und ca. 2 Stunden kochen. Dabei ab und zu den weißen Schaum von der Wasseroberfläche abschöpfen. Rindfleisch in der Brühe erkalten lassen.

Fleisch herausnehmen und in kleine Würfel schneiden. Abgedeckt zur Seite stellen. Die Brühe durch ein feines Sieb gießen, abschmecken und später in einem Topf erwärmen.

Frische Erbsen auspulen und 3 Minuten in Salzwasser blanchieren, in Eiswasser abschrecken und gut abtropfen lassen. In einer Schüssel abgedeckt zur Seite stellen. Alternativ tiefgekühlte Erbsen auftauen lassen, man muss sie nicht blanchieren, sie schmecken so sehr knackig!

Das Bund Petersilie fein hacken und in einer weiteren Schüssel abgedeckt bereithalten.

2 Brötchen zu Semmelbröseln reiben. 4 Brötchen einweichen, sehr gut ausdrücken und in eine große Schüssel geben. Butter und Biskin schmelzen und sehr heiß über die Brötchen gießen. Mit den übrigen Zutaten (Semmelbrösel, Mehl, Eier, Salz und Muskatnuss) vermengen. Klöße von ca. 5 – 6 cm Durchmesser formen und in gesalzenem Wasser ziehen lassen.

Die Schotensuppe hat ihren Namen von den darin ent-
haltenen Erbsen und ist ein uraltes Rezept mit sächsischer
Familientradition. Besonders in den Pfarrhaushalten wurde
diese Suppe oft und gerne zubereitet. Sie eignet sich
hervorragend für eine große Gesellschaft, denn sie lässt sich
gut vorbereiten und das Rezept kann in beliebiger Menge
vervielfältigt werden.
Ein weiterer Reiz besteht darin, dass jede Person sich
die Suppe nach Geschmack zusammenstellen kann. Und mit
einem Nachtisch wie »Quarkkeulchen« oder einem Stück
»Eierschecke« sind wirklich alle restlos zufrieden!

Zum Servieren die Brühe erhitzen. Jetzt nimmt sich jede
Person einen Suppenteller, füllt ihn nach Geschmack mit
Fleischwürfeln, Erbsen (beides kalt) und Klößen (möglichst
warm), nimmt sich von der heißen Rinderbrühe dazu
und streut zuletzt die gehackte Petersilie darüber.
Man kann auch noch mit frisch gemahlenem Pfeffer würzen.

**Eine Empfehlung
von Stefan Schäfer**

Mango-Gazpacho

Zutaten für 8 Personen:

◇ ¾ l Mangopüree
  aus der Dose
◇ ½ l Sprudel
◇ ¼ l Sprite
◇ ¼ l Ginger Ale

◇ 10 Stiele frischer Koriander
◇ ½ Knoblauchzehe
◇ ½ Schalotte (keine Zwiebel)
◇ 1 TL Chilipaste

Zur Deko:

◇ 1 Flug-Mango
  (in Würfel geschnitten)
◇ frische Minzeblätter

Alle Zutaten mit einem Pürierstab zerkleinern und schaumig schlagen. Mit Salz und Pfeffer würzen. Eine Handvoll gecrushtes Eis zugeben. 30 Minuten im Kühlschrank ruhen lassen.

Portionieren und mit Mangostücken und Minzeblättern dekorieren.

Diese herrliche Vorspeise ist eine erfrischende Variation der bekannten spanischen Gemüsesuppe. Ich habe sie mit Freunden beim Kochen mit Mohamed el Imam Aidara im La Fourchette kennengelernt.

Die verblüffende Kombination ist überraschend einfach zuzubereiten, gelingt mit Leichtigkeit und begeistert vor allem an einem heißen Sommertag.

Schwäbische Flädlesuppe

Eine Empfehlung von
Renate Zörgiebel

Zutaten für 4 Personen:

◊ *250 g Mehl*
 (davon ein paar Löffel
 Kartoffelmehl, dann werden
 die Flädle knuspriger)
◊ *¼ l Milch*
◊ *3 EL Sprudel*
◊ *2 Eier*
◊ *Salz, Muskat*
◊ *Fett zum Ausbacken*

Alle Zutaten zu einem glatten, dünnen Teig verrühren und den Teig ruhen lassen – je länger, desto besser.

Fett in der Pfanne erhitzen und je einen großen EL Teig in die Pfanne geben, darin schwenken und in 1 – 2 Minuten ein dünnes, rundes Flädle ausbacken. Zum Auskühlen über einen Schüsselrand hängen.

Fein in Streifen geschnitten, mit Fleischbrühe und etwas Schnittlauch gibt es eine leckere Flädlesuppe.

Köstlich schmecken die Flädle auch, wenn sie mit Apfelmus, Obst, Fleisch oder Gemüse gefüllt werden. Flädle in Streifen geschnitten und an der Luft gut getrocknet können im Schraubglas aufbewahrt werden.

» Nach den Proben im Philharmonischen Kinderchor im »Kulti« war die Flädlesuppe für unsere Kinder Corina und Felix jahrelang der Renner für den ersten Heißhunger am Abend.
Danach noch schwäbische Maultaschen selbst gemacht von der Eislinger Oma und der Abend war gerettet.

Crema di Peperoni
al Latte di Cocco

28

Zutaten für 6 Personen:

Für die Reiscreme:

- *50 g Milchreis*
- *100 ml Wasser*
- *100 ml Milch*
- *Salz*

Für die Paprikacremesuppe:

- *6 gelbe Paprika*
- *1 große Zwiebel*
- *1 Chilischote*
- *50 g Butter*
- *3 EL Öl*
- *750 ml Hühnerbrühe*
- *50 g Kokosmilch
  (Creola de Coco)*
- *20 g Reiscreme*
- *Schnittlauch*
- *1 EL fein geschnittene
  Petersilie*
- *Cayennepfeffer*

Reiscreme:

Wasser und Milch in einem Topf mit etwas Salz zum Kochen
bringen. Reis dazugeben und so lange köcheln lassen, bis
Wasser und Milch um die Hälfte reduziert sind (ca. 1 Stunde).
Die Masse vom Herd nehmen und mit dem Pürierstab
vorsichtig pürieren.
Die Reiscreme kann auch am Tag zuvor vorbereitet werden.

Paprikacremesuppe:

Gelbe Paprika waschen, längs halbieren, von weißen Kernen
und Häuten befreien und längs in 4 große Stücke schneiden.
Paprikastücke in kochendes Wasser geben und ca. 15 Minuten
kochen lassen, danach trocknen und schälen.

Chilischote längs halbieren, von weißen Kernen und Häuten
befreien und fein schneiden. Zwiebeln und Knoblauchzehen
pellen und fein schneiden, ebenso die geschälten Paprika.

In einem Topf Butter auslassen und Paprika, Chilischote,
Zwiebel und Knoblauch darin unter Rühren 5 Minuten weich
dünsten. Creola de Coco zufügen und mit Hühnerbrühe
auffüllen. Reiscreme und Petersilie unter Rühren dazugeben.

(Paprikacremesuppe mit
Kokosmilch und Reiscreme)

Die Paprikacremesuppe einmal aufkochen, vom Herd nehmen und mit dem Pürierstab vorsichtig pürieren, auf den Herd zurück stellen und leicht erwärmen, aber nicht mehr kochen lassen.

Mit Cayennepfeffer würzen. Schnittlauch und etwas Reiscreme kurz vor dem Servieren über die Suppe streuen.

Vor vielen Jahren wurden mein Mann und ich in einem feinen Restaurant in Amsterdam zum Abendessen eingeladen.
Es war Winter und sehr kalt, so bestellte ich eine Paprikasuppe mit Kokosmilch, die mir sehr geschmeckt hat.
Als wir dann zurück in Heidelberg waren, wollte ich die Suppe nachkochen und habe nach vielen Experimenten das Rezept herausgefunden.

**Eine Empfehlung von
Gabriele und Stefan Plenkers**

Ungarische Fischsuppe

30

Zutaten für 8 Personen:

- ◇ *2 Karpfen*
- ◇ *evtl. ein weiterer Süßwasserfisch für den Sud*
- ◇ *6 mittelgroße Zwiebeln*
- ◇ *2 rote Paprikaschoten*
- ◇ *2 Tomaten*
- ◇ *1 Bund Wurzelwerk*
- ◇ *Petersilienwurzel*
- ◇ *1 kleines Stück Weißbrot*
- ◇ *5–6 Knoblauchzehen*
- ◇ *3–4 EL edelsüßer Paprika*
- ◇ *scharfes Paprikapulver nach Geschmack*
- ◇ *1 Lorbeerblatt, Piment, etwas Salz*
- ◇ *Schweineschmalz, saure Sahne*
- ◇ *Petersilie, Koriander*

Die Karpfen säubern, Köpfe und Flossen abtrennen, und mit dem Beifisch in einen großen Suppentopf geben. Zusammen mit dem zerkleinerten Wurzelwerk, den Gewürzen, der Petersilienwurzel, den Paprikaschoten, Knoblauchzehen und Tomaten sowie dem Weißbrot ca. 1 ½ Stunden leicht köcheln lassen.

Die Fischrümpfe in fingerdicke Scheiben schneiden, abtupfen und kalt stellen.

Nach ca. 45 Minuten Kochzeit die Zwiebeln in Stücke schneiden, Schweineschmalz in einem separaten Topf erhitzen und die Zwiebeln darin goldgelb dünsten. Das edelsüße Paprikapulver ganz schnell in diese Masse rühren, Topf möglichst vom Herd nehmen, es wird ganz schnell bitter, wenn die Masse zu heiß ist. Dann sofort die Fischbrühe angießen und das Ganze in den großen Suppentopf geben und weiter köcheln lassen.

Wenn sich die Masse verbunden hat und die Zwiebeln weich sind, den ganzen Inhalt unter Rühren durch ein Sieb seihen, sodass möglichst viel feine Gemüse- und Fischanteile in die Suppe kommen.

Den Schaum abschöpfen und den Fischsud abschmecken, nach Belieben würzen mit Salz, gepresstem Knoblauch, scharfem Paprika, etwas Tomatenmark und Paprikapaste (scharf oder edelsüß) sowie Zitrone.

Danach die Suppe wieder köcheln lassen und pro Person eine Karpfenscheibe vorsichtig einlegen und je nach Dicke 2 – 4 Minuten ziehen lassen. Das Fischfleisch sollte sich ganz leicht von der Gräte lösen lassen.

Fischscheibe und Sud im tiefen Teller servieren, gehackte Petersilie und Koriander darüber streuen, saure Sahne nach Belieben in die Mitte der Suppe geben.

Dazu Weißbrot reichen, welches auch geröstet und mit Aioli bestrichen werden kann. Das Ganze kann beliebig wiederholt werden, bitte jeweils nur soviel Fischscheiben einlegen, wie auch gegessen werden.

Alljährlich zu Silvester ist es bei uns Tradition, eine ungarische Fischsuppe zu kochen.
Das Rezept brachte Stefans erste Ehefrau aus ihrer Heimat Ungarn mit, und es ist so überzeugend, dass wir die Suppe weiterhin kochen, egal wo wir uns am Silvestertag befinden. Das ging sogar so weit, dass die fischigen Zutaten bis nach Sizilien gebracht wurden, wo wir mit unseren Freunden in der Küche des Hotels auf dem Holzofen die Suppe kochten. Der italienische Küchenchef durfte probieren und er fand sie hervorragend.

Kürbissuppe
à la Familie Hentrich

**Eine Empfehlung von
Evelyn und Wolfgang Hentrich**

32

Zutaten für 4 Personen:

- *1 kleiner Hokkaido-Kürbis*
- *2 mittlere Zwiebeln*
- *2 mittlere Karotten*
- *2 Stangen Porree*
- *2 mittlere Kartoffeln*
- *etwas Ingwer und Knoblauch*
- *Meersalz und frisch gemahlener Pfeffer (»Capriccio«-Pfeffermischung aus dem Reformhaus)*
- *1 EL Kürbis-König (Gewürzmischung aus dem Reformhaus… super!)*
- *Olivenöl*

Den Kürbis mit Schale klein schneiden und das innere faserige Fleisch mit den Kernen entfernen. Zwiebel, Karotten, Kartoffeln, Porree, Knoblauch und Ingwer grob schneiden. Olivenöl in einen Topf geben und alles darin ca. 15 Minuten anbraten. Danach das Ganze mit heißem Wasser aufgießen, bis alles bedeckt ist, und 10 Minuten köcheln lassen. Anschließend mit Salz, Pfeffer und Kürbis-König abschmecken und mit dem Passierstab zu Suppe pürieren. Die Suppe in Teller geben und mit Kapuzinerkresseblüten und -blättern dekorieren und mit Kürbiskernöl dekorative Muster zaubern.

Diese Kürbissuppe schmeckt wunderbar leicht und ist sehr schnell zubereitet. Sie ist leicht verdaulich und sehr gesund und wird sogar von Kürbisgegnern gern gegessen…

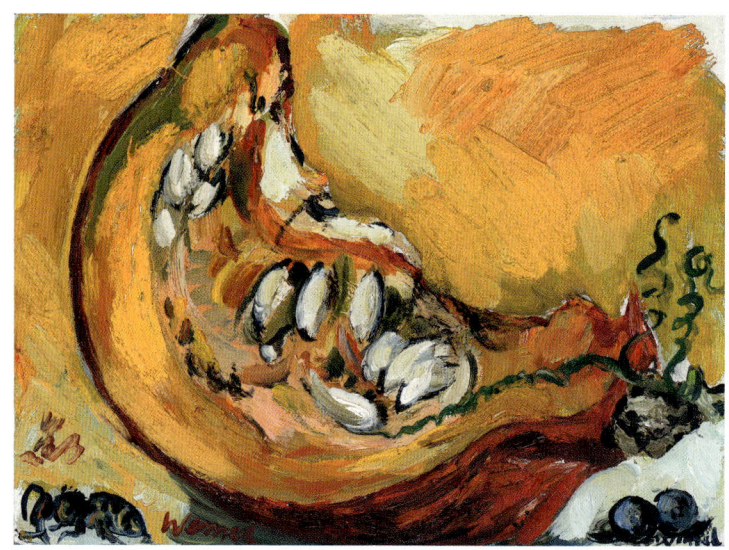

Soljanka
»Schnatterinchen«

Zutaten für 4 Personen:

◇ *200 g Zwiebeln*

◇ *2 Knoblauchzehen*

◇ *Öl zum Braten*

◇ *100 g Tomatenmark*

◇ *1 EL Edelsüßpaprika*

◇ *500 g Wurst (Schinkenwurst,
gekochter Schinken,
Salami oder Bratenreste)*

◇ *200 g Gewürzgurken
(saure Gurken)*

◇ *1 ½ l Fleischbrühe*

◇ *Salz, Pfeffer*

◇ *1 EL Kapern*

◇ *½ Zitrone*

◇ *Dill und Petersilie*

◇ *3–4 EL saure Sahne*

Die fein gehackten Zwiebeln im Öl glasig braten. Geriebenen Knoblauch, Tomatenmark und Paprika sowie die in dünne Streifen geschnittenen Fleischstücke und die ebenso geschnittenen Gewürzgurken hinzugeben und einige Minuten dünsten/braten.

Die Fleischbrühe zugießen und die Suppe 5 Minuten kochen. Mit Salz und Pfeffer würzen, die Suppe in eine Schüssel füllen, mit Kapern bestreuen und 2 – 3 Zitronenscheiben oder mehr einlegen.

Den gehackten Dill und Petersilie darüber streuen und kurz vor dem Servieren die saure Sahne dazugeben. Am besten schmeckt die Soljanka, wenn man sie vor dem Servieren eine Nacht durchziehen lässt.

Soljanka war ja im Osten fast überall zu finden, nur leider oft übel angerichtet und schwer genießbar. Nicht aber wenn's Mutter machte. Da aß ich schon mal den einen oder anderen Teller mehr!

Ein Hochgenuss aus dem Plattenbau. Deshalb nenne ich dieses wunderbare Süppchen auch Soljanka »Schnatterinchen«. Viel Spaß beim Nachkochen, mit sozialistischem Gruß und Guten Appetit!

Spanisch Frikko
(mein Kindheits-/Jugend-Rezept)

**Eine Empfehlung von
Stefan Heinemann**

Zutaten für 4 Personen:

◇ *ca. 1 kg fest kochende Kartoffeln*
◇ *500 g Gehacktes (halb und halb,
   also halb Schwein, halb Rind,
   es geht aber auch nur mit Rind)*
◇ *2 – 3 dicke Garten-Zwiebeln*
◇ *¼ – ½ l Sahne*
◇ *frisch gemahlener schwarzer Pfeffer,
   frisch geriebene Muskatnuss*
◇ *Butter*
◇ *Salz*
◇ *frische Petersilie*

Die Kartoffeln schälen und in Scheiben schneiden, die Zwiebeln in Ringe. Das Gehackte mit Salz und Pfeffer würzen und sehr kleine Bällchen daraus formen.

In einen eher breiten als hohen Topf, der vorher gut mit Butter ausgefettet wurde, schichtet man nun eine Ebene Kartoffel-scheiben, darüber Zwiebelringe, dann Fleischbällchen. Diese Schicht ordentlich salzen und pfeffern, Muskatnuss darüber reiben, dann wieder Kartoffeln, Zwiebeln, Fleischbällchen. Salzen, pfeffern und Muskat beigeben, 2 – 3 Schichten könnten es werden. Mit Pfeffer und Muskat nicht zu sparsam umgehen, sonst wird es langweilig! Am Schluss die Sahne darüber gießen.

Die Kunst besteht jetzt darin, den Inhalt des Topfes mit geschlossenem Deckel zum Köcheln zu bringen und ihn bei mittlerer Hitze eine gute Stunde dabei zu halten – OHNE DASS ETWAS ANBRENNT! Das tut es gerne, wenn man nicht aufpasst: Gelegentlich nachschauen, vielleicht noch etwas Sahne (Wasser oder Milch tun es auch) nachgießen. Ganz leicht darf die untere Kartoffelschicht ansetzen, aber nur ganz leicht! Am Schluss alles umrühren und die kleingeschnittene Petersilie unterheben.

Dazu gab es bei uns grünen Kopfsalat, wenn er im Garten wuchs, im Winter Gurkensalat.

Samstags gab es bei Heinemanns am linken Niederrhein
(Eltern, 5 Kinder mit regelmäßig mitgebrachten
Schulfreundinnen/-freunden, Haushälterin, Kindermädchen,
Gärtner, somit meist 10 – 12 Personen am Tisch) immer
Eintopf: Bohnen-, Erbsen- oder Tomatensuppe mit passender
Einlage oder – der Renner – Spanisch Frikko.

Über den Namen hat sich erst Wikipedia Gedanken gemacht
(»westfälischer Eintopf, Übernahme entweder aus den
benachbarten spanischen Niederlanden oder vom Hof des
Jérôme Bonaparte, der das Königreich Westphalen von
1807 – 1813 regierte«), wir damals nicht. Das hieß einfach so
und war ein Lieblingsessen.

Da dieser Eintopf relativ leicht mit überall erhältlichen
Zutaten und sehr überschaubaren Kosten in einem Topf
herstellbar ist, wurde er auch bei Zeltlagerferien gerne
gekocht. Es gibt eigentlich nur eine Hürde gegen den Erfolg:
das Anbrennen!

Sauce Bois Boudron

Eine Empfehlung von Bärbel Spittler

Öl, Essig, eine Prise Salz und Pfeffer in eine Schüssel geben und mit einem Schneebesen verrühren. Ketchup, Worcestersauce, Tabasco, die gehackten Schalotten und die klein geschnittenen Kräuter nacheinander unterrühren. Die Sauce mit Salz und Pfeffer abschmecken.

Luftdicht verschlossen hält die Sauce sich drei Tage im Kühlschrank.

Das Rezept stammt von Michel Roux, dem ehemaligen Chef de cuisine von Madame Cécile de Rothschild; ich fand es in seinem Buch »Saucen«, das inzwischen leider vergriffen ist.

In all ihren Abwandlungen (Olivenöl statt Erdnussöl, Petersilie und grüner Paprika statt Kerbel und Estragon) ist es zu einem Lieblingsrezept meiner Familie geworden und ich musste das Rezept unzählige Male an begeisterte Gäste weitergeben.

Die Sauce Bois Boudron passt zu gegrilltem Fleisch, zu Fisch, zu Pellkartoffeln und ganz einfach zu frisch aufgebackenem Baguette. Besonders lecker ist sie zu Roastbeef!

Zutaten für 1 Portion:

- ◊ 150 ml Erdnussöl
- ◊ 50 ml Weinessig
- ◊ 85 g Tomatenketchup
- ◊ 1 TL Worcestersauce
- ◊ 5 Tropfen Tabasco
- ◊ 100 g Schalotten, fein gehackt
- ◊ 2 TL Kerbel, fein geschnitten
- ◊ 20 g Estragon, fein geschnitten
- ◊ Salz, frisch gemahlener Pfeffer

Bananen-Curry-Soße
von Curry & Co

**Eine Empfehlung von
Susanne und Simone Meyer-Götz**

Zutaten für 1 Liter Soße:

- 500 g überreife Bananen
- 200 ml Bananensaft
- 400 ml Gemüsebrühe
- 100 ml Kokosmilch
- Saft einer halben Zitrone
- 1 kleine Zwiebel
- 10 g Currypulver
  Hot Madras
- 1 Messerspitze Chilipulver
  Extra Hot
- Salz und Pfeffer
  nach Geschmack
- 25 g Butter

Zwiebeln würfeln und Bananen schälen und in kleine Stücke schneiden. Butter im Topf erhitzen, Zwiebeln, Bananen und Currypulver andünsten, mit Gemüsebrühe, Bananensaft und Kokosmilch ablöschen. Alles ca. 10 Minuten kochen lassen, danach mit dem Mixstab pürieren. Zitronensaft dazu geben, mit Salz, Pfeffer und Chilipulver abschmecken.

Für Wurstsoßenliebhaber und solche, die es werden wollen, passt die Bananen-Curry-Soße gut zu jeder Art von Grillabenden.

Aus Liebe zur Wurst!
Nach diesem Motto arbeiteten die Schwestern Susanne und Simone Meyer-Götz von Curry & Co seit 2006 mit ihrem Team erfolgreich in Dresden-Neustadt und am Schillerplatz.
Dass die Schwestern die Wurst lieben, erkennt man am Sortiment: Hier beschränken sich weder die Würste noch die Soßen auf die klassischen Varianten. Neben geräucherten und gebrühten Currywürsten mit milder und scharfer Soße findet der Wurstliebhaber auch Rindswurst und bio-vegane Varianten. Als Soße stehen Erdnuss, Honig-Senf, Zwiebel-Chili und eine monatlich wechselnde Kreation zur Auswahl.

Dass hier Liebe durch den Magen geht, bestätigt auch regelmäßig die Presse. Was die Wurstliebhaber schon lange wissen und Kabel 1 mehrfach zeigte, bei Curry & Co gibt es nicht nur die besten Pommes, sondern auch mit die besten Würste und mit die leckersten Soßenkreationen Deutschlands.

Fleisch & Fisch *Soli*

Bœuf Bourguignon

**Eine Empfehlung
von Dirk Burghardt**

40

Zutaten für 6 Personen:

- ◇ *1,6 kg Rindfleisch*
- ◇ *200 g Schweinebauch*
- ◇ *100 g Butter*
- ◇ *10 kleine Zwiebeln*
- ◇ *250 g Champignons*
- ◇ *200 g Möhren*
- ◇ *1 Suppengrün (ohne Möhren)*
- ◇ *1 – 2 Flaschen Burgunder*

Das Geheimnis eines guten Bœuf Bourguignons besteht in der Marinierzeit des Fleisches. Dieses wird am Stück zusammen mit den enthäuteten Zwiebeln, den grob zerkleinerten Möhren und dem Suppengrün für 12 Stunden oder über Nacht in Rotwein mariniert (bitte abdecken).

Am nächsten Tag das Fleisch klein schneiden und mit dem Schweinebauch, einem Teil des Suppengrüns und der Möhren sowie allen Zwiebeln in Butter in einem Bräter anbraten.

Mit dem aufbewahrten Rotwein ablöschen und 3 – 5 Stunden bei mittlerer Hitze köcheln lassen, solange, bis das Fleisch zart ist. In den letzten 30 Minuten werden das restliche Suppengrün, die Möhren (in mundgerechten Stücken) sowie die Champignons in Scheiben dazugegeben.

Als Beilage schmecken Spätzle, Klöße, Kartoffeln oder einfach nur frisches Brot und ein Glas Burgunder!

Das Rezept zum Bœuf Bourguignon ist ein altes Familienrezept, das über eine frankophile schottische Tante bereits Ende des 19. Jahrhunderts in unsere Familie nach Deutschland kam. Bei der Hochzeitsfeier meiner Großeltern, die in den frühen 1930er Jahren in der Dresdner Frauenkirche geheiratet haben, servierte es ein französischer Koch als eines der Hauptgerichte. Diese Tradition haben wir beibehalten: Zu großen Festen mit vielen Gästen gibt es bei uns Bœuf Bourguignon. Guten Appetit!

Schweinefilet
im Schlafrock

**Eine Empfehlung
von Georg H. Leicht**

Zwiebeln fein würfeln und in der Pfanne dünsten, Petersilie waschen und schneiden, mit den Zwiebeln dünsten. Schweinefilets mit Salz und Pfeffer würzen.

Blätterteig auf einer bemehlten Fläche leicht ausrollen, Zwiebel-Petersilienmasse darauf verteilen. Schweinefilets auf die Zwiebeln legen und den Teig drum herum einschlagen, nach Laune mit ausgestochenen Blätterteigornamenten verzieren und mit Eigelb bestreichen.

Auf dem nassen Backblech im vorgeheizten Ofen bei 175°C ca. 45 Minuten backen. Dazu schmeckt Salat aller Art.

In unserer Familie wird dieses Gericht besonders geliebt und gehört traditionell am Heiligabend auf den Tisch: Die Zwiebelfüllung wird am Nachmittag unter Tränen vorbereitet, und nach dem Kirchgang am frühen Abend wird der Schlafrock unter Beteiligung aller Familienmitglieder frisch gewickelt.

Mit dem Heranwachsen unserer drei Kinder hat sich auch der kollektive Appetit weiter entwickelt – wie wir inzwischen wissen, passen bei guter Einteilung auch 4 Schweinefilets auf ein Backblech!

Zutaten für 4 Personen:

◇ *2 Rollen Blätterteig
 aus dem Kühlregal*
◇ *2 Schweinefilets*
◇ *3 Bund Petersilie*
◇ *8 Zwiebeln*
◇ *1 Eigelb*

Pörkölt ungarischer Art

**Eine Empfehlung
von Ralf Lehmann**

42

Das Fleisch in Würfel schneiden wie beim Gulasch und
in heißem Öl leicht anbraten.
Speck und Zwiebel klein schneiden, in einem Tiegel erhitzen,
bis beides glasig ist, und dann zum Fleisch dazugeben.

Das Mehl mit dem Paprikapulver verrühren und über das
Fleisch, welches von der Herdplatte genommen wurde,
streuen. (Paprika darf nicht anbrennen, sonst schmeckt
es bitter).
Die Peperoni und Salz dazugeben. Alles gut umrühren.
Mit kaltem Wasser oder Fleischbrühe auffüllen, bis das
Fleisch bedeckt ist, und dieses bei kleiner Hitze weich garen.

Die geschälten Kartoffeln werden in Würfel geschnitten,
in heißem Öl leicht glasig angebraten und in das fast gare
Fleisch gegeben, gut verrührt bis zum Garsein kochen.

Je nach Geschmack noch mit Peperoni oder scharfem
Paprika und Salz würzen. Zum Pörkölt gibt man beim
Servieren saure Sahne und Weißbrot.

Zutaten für 4 Personen:

- ◇ *1–1,5 kg Rindfleisch*
- ◇ *1 kg Kartoffeln*
  (möglichst mehlig kochende)
- ◇ *50 g geräucherter Speck*
- ◇ *1 mittlere bis große Zwiebel*
- ◇ *2–3 TL Paprika edelsüß*
- ◇ *1–2 Peperoni frisch*
  oder getrocknet
- ◇ *1 EL Mehl, Öl, Salz*
- ◇ *1 Becher saure Sahne*

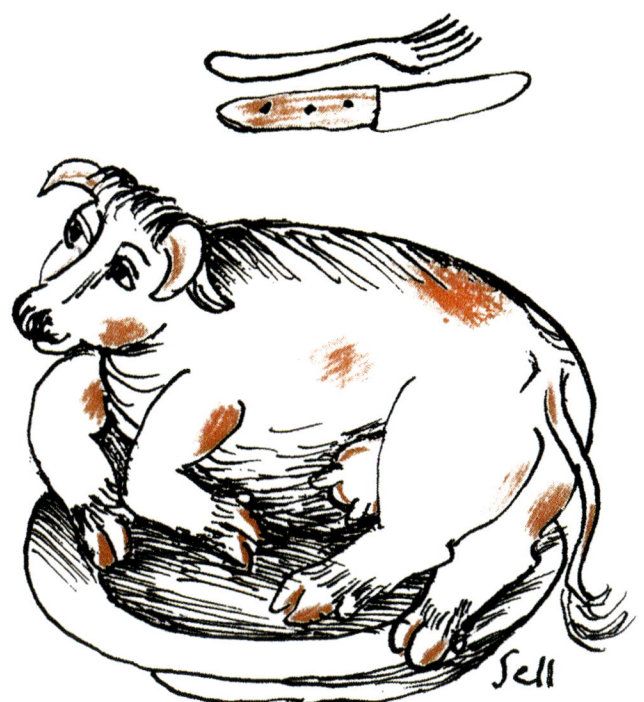

Da ich in Dresden geboren und aufgewachsen bin, sollte ich eigentlich ein echter Dresdner sein, bin es aber von der Herkunft nicht. Mein Vater stammt aus Preußen, meine Mutter aus Ungarn, von wo 1945 die Familie vertrieben wurde.

Wenn wir im Garten meiner Eltern über offenem Holzfeuer das Pörkölt in einem Kessel gemeinsam zubereiten, mischt sich der Rauch des Feuers mit dem Aroma des Pörkölts und sofort denke ich an Ungarn, an die Verwandten in den kleinen Dörfern, an die herrlichen Restaurants und den über allem schwebenden Paprikaduft.

Wie hierzulande Obst in die Safterei gebracht wird, bringt man in Ungarn eigene Paprika in die Mühle, um das beste und natürlichste Paprikapulver zu bekommen.
Meine Mutter hat dieses Rezept schon hunderte Male gekocht und mich ebenso oft damit glücklich gemacht.

Wiener Schnitzel

Zutaten für 4 Personen:

◇ *4 Kalbsschnitzel à 150 g*

◇ *Öl für die Folie*

◇ *Salz und Pfeffer
aus der Mühle*

◇ *1–2 EL geschlagene Sahne*

◇ *2 Eier*

◇ *frisch geriebene Muskatnuss*

◇ *etwas abgeriebene Schale
einer unbehandelten Zitrone*

◇ *80–100 g Mehl*

◇ *120 g Semmelbrösel
(vom Bäcker!)*

◇ *einige Spritzer Zitronensaft*

Die Schnitzel zwischen zwei Lagen geölter Frischhaltefolie mit einem breiten Messer leicht plattieren (nicht klopfen), danach salzen und pfeffern.

Die Eier verquirlen und die geschlagene Sahne unter die Eier heben, mit Muskat und Zitronenschale würzen und verrühren, die Schnitzel in Mehl wenden und dann durch die Eier-Sahne-Masse ziehen.
Danach jedes Schnitzel mit Semmelbröseln panieren (die Brösel nur leicht andrücken!).

So viel Butterschmalz oder Öl in der Pfanne erhitzen, dass die Schnitzel leicht schwimmen. Bei mittlerer Hitze die Unterseite leicht braun braten, anschließend die Schnitzel wenden. Dabei die Pfanne leicht hin und her bewegen, damit das Fett über die Schnitzel schwappt. Mit einem Löffel heißes Fett/Öl über die Schnitzel geben, so wölbt sich die Panade ein wenig.

Wer die Schnitzel mit Öl brät, sollte kurz vor Ende der Garzeit ein Stück Butter mit in die Pfanne geben, das verbessert den Geschmack. Zum Schluss beträufeln wir die Schnitzel mit Zitronensaft und können endlich zarte, leckere Kalbsschnitzel servieren.

Als Beilagen passen Salzkartoffeln, Kartoffelsalat, Gurkensalat oder grüner Salat. Gutes Gelingen!

Eine Empfehlung von
Anton Paul Kammerer

Geschmorte Schweinenierchen
mit Kartoffelbrei

Zutaten für 4 Personen:

- ◇ *8 Schweinenieren*
- ◇ *1 mittlere Zwiebel*
- ◇ *Margarine »Marina« zum Anbraten*
- ◇ *Pfeffer, Salz*
- ◇ *1 TL Majoran*
- ◇ *Zitronenschale*
- ◇ *Sahne*
- ◇ *Milch*
- ◇ *Wasser*
- ◇ *Kartoffeln*
- ◇ *Butter*
- ◇ *Muskatnuss*

Die Nieren mehrfach in kaltem Wasser wässern. Danach die Nieren längs halbieren, vierteln und erneut waschen. Alles, was weiß aussieht, komplett entfernen. Anschließend die Nierenviertel in mittelgroße Würfel schneiden und in der Margarine anbraten. Zwiebel klein schneiden und zu den goldig angebratenen Nierchen fügen. 1 – 2 Löffel Weizenmehl darüber gestäubt, ersparen das Herstellen einer Mehlschwitze. Wasser zugeben (ein Schluck Weißwein schadet keineswegs) und zuletzt 1 TL getrockneten Majoran und etwas unbehandelte Zitronenschale. Mit Sahne, Milch und Wasser verdünnen, damit der Sud nicht zu dick wird. Die Nierchen sollten ca. 2 Stunden bei mittlerer Hitze schmoren.

Den dazugehörigen Kartoffelbrei – auf gut böhmisch »Erdeppelgasch« – aus 25 – 30 Minuten gekochten Erdäpfeln bereiten. Das Kochwasser abgießen, die Kartoffeln stampfen und Butter und Milch dazugeben. Die Konsistenz mit der Milch regulieren. Eine Prise Muskat nicht vergessen!

Schweinenieren sind damals wie heute ausgesprochen billig, machen einige Arbeit, sind aber liebevoll zubereitet eine echte Delikatesse. Es gibt kein Rezept meiner tschechischen Mutter und gleich gar nicht der böhmischen Großmutter. Doch kann ich diesen Geschmack meiner Kindheit gut nachkochen und habe die Zutatenliste im Kopf. Als Superlativ ist am »Böhmischsten« ein Teelöffel Zucker im Kartoffelgasch – meine Frau hat dann immer so einen fragenden Blick. Als Tafelmusik empfehle ich von Georg Kreisler »Die Wanderniere«.

Geschmorte Kalbshaxe

Zutaten für 4 Personen:

◇ *4 Scheiben Kalbshaxe
(ca. 4 cm dick)*
◇ *etwas Mehl*
◇ *100 g Butter*
◇ *4 EL Olivenöl*
◇ *1 mittlere Zwiebel*
◇ *1 dicke Möhre*
◇ *2 Stangen Staudensellerie*
◇ *2 Gläser Rotwein*
◇ *Salz, Pfeffer*
◇ *2 Zweige Rosmarin*
◇ *1 TL Oregano*
◇ *1 Lorbeerblatt*
◇ *4 große Fleischtomaten*
◇ *Tomatenmark*
◇ *1 Bund gehackte Petersilie*
◇ *2 Knoblauchzehen*
◇ *2 – 3 Sardellen*
◇ *etwas Wasser
(lieber kleiner Schuss Wein)*
◇ *Schale einer halben Zitrone
und einer halben Orange*

Die Kalbshaxen vom Schlachter in entsprechender Stärke schneiden lassen, gut abwaschen, damit die Knochensplitter entfernt werden, und sofort mit Küchenpapier sorgfältig abtrocknen.

Fleischscheiben mit Küchengarn einmal umwickeln, damit sie nicht auseinander fallen, in Mehl wenden und überschüssiges Mehl abschütteln.

Im Bräter die Hälfte der Butter und 4 EL Olivenöl erhitzen, die Fleischscheiben von beiden Seiten goldbraun anbraten, danach aus dem Bräter nehmen und warm stellen.

Das während des Bratens in Scheiben oder Streifen geschnittene Gemüse und das Tomatenmark im Bratensaft anrösten, mit dem Rotwein ablöschen und aufkochen lassen. Gewürze und die inzwischen gebrühten, abgezogenen, entkernten und grob gehackten Tomaten hinzugeben. Das Gemüse einmal vorsichtig miteinander vermengen, die Kalbshaxenscheiben auf das Gemüse legen, Bräter mit dem Deckel zudecken und in den auf 170° C vorgeheizten Backofen schieben.

(Ossobuco con gremolata)

Garen lassen und alle 30 Minuten mit der Flüssigkeit des geschmorten Gemüses übergießen.

In der Zwischenzeit die Hälfte der Petersilie mit den gehackten Knoblauchzehen und den Sardellen im restlichen Olivenöl kurz andünsten und 15 Minuten vor Ende der etwa zweistündigen Garzeit über das Fleisch geben.

Wenn alles fertig ist, das Fleisch aus dem Bräter nehmen und auf einer Platte anrichten, zudecken und warm halten. Die Soße mit etwas Wasser oder Rotwein ablöschen und dabei den Bratfond lösen. Mit Salz und Pfeffer würzen, die restliche Butter unterrühren, über das Fleisch schütten und alles mit einer Mischung aus der restlichen gehackten Petersilie und der frisch geriebenen Zitronen- und Orangenschale bestreuen.

Eigentlich reicht die Beigabe von normalem Reis, Weißbrot oder nur ein frischer Salat, aber der Herbst schreit geradezu nach einem herrlichen Steinpilzrisotto. Als Getränk empfiehlt sich ein Bardolino oder ein Ripasso.

Die Basis meines Rezeptes stammt aus dem ersten angeschafften Kochbuch (1979) und wurde im Laufe der Zeit immer wieder etwas verändert. Nach diesem Buch wurde gern und viel für liebe Freunde gekocht, nach einem Toskana-Urlaub war wochenlang nur »Cucina Italiana« angesagt.

Besonders im Herbst nutzen wir unsere wenige freie Zeit und stehen gerne mit einem Gläschen Wein am Herd und kochen auch mal für uns selbst.

47

Fränkischer Sauerbraten mit Soßlebkuchen

**Eine Empfehlung von
Alexander Boesch**

48

Zutaten für 4 Personen:

Für den Sauerbraten:

⬥ *1 kg Rindfleisch
  (falsche Lende)*
⬥ *Suppengrün*
⬥ *1 Zwiebel*
⬥ *ca. 5 Wacholderbeeren*
⬥ *1 Lorbeerblatt*
⬥ *Salz und Pfeffer*
⬥ *Weinessig*
⬥ *2 Soßlebkuchen*
⬥ *Bratfett*
⬥ *ca. 150 g Mehl*
⬥ *2 TL Zucker*

Für die Klöße:

⬥ *1 kg Kartoffeln*
⬥ *Salz*
⬥ *2 Eier*
⬥ *¼ l Milch*
⬥ *250 g Kartoffelmehl*
⬥ *Weißbrotwürfel*

Rindfleisch mit Suppengrün, einer geschnittenen Zwiebel, den Wacholderbeeren, dem Lorbeerblatt, Salz und Pfeffer in einem Weinessigsud einlegen. Mit ein wenig Wasser verdünnen.

Das so eingelegte Fleisch muss 2 Tage im Kühlschrank stehen und ziehen. Nach 2 Tagen alles mit 2 Soßlebkuchen so lange kochen, bis das Fleisch schön weich ist.

Inzwischen in der Pfanne eine süße Einbrenne herstellen: Fett hineingeben, 150 g Mehl einrühren und anschließend ca. 2 TL Zucker hinzugeben. Alles in der Pfanne rühren, bis es richtig braun wird.

Dann die Einbrenne zum Fleisch geben und noch etwas weiterkochen lassen. Das Fleisch herausnehmen und die gesamte Soße sieben, das Fleisch erneut dazugeben und nochmals erhitzen.

Dazu gibt es gekochte Klöße: Die Kartoffeln kochen, pellen und durchpressen. Mit Salz, den Eiern, der Milch und dem Kartoffelmehl vermengen.

Weißbrotwürfel in einer Pfanne anrösten, Klöße formen und in die Mitte jeden Kloßes Weißbrotwürfel geben. Die fertigen Klöße in kochendem Wasser ca. eine halbe Stunde ziehen lassen.

(dazu gekochte Klöße)

Der fränkische Sauerbraten ist eine Spezialität aus Franken,
deren Besonderheit die Zubereitung mit Soßlebkuchen ist.
Das Rezept stammt von meiner Mutter und kommt bei
uns regelmäßig auf den Tisch, wenn ich zu Besuch
in Nürnberg bin, vor allem zu Christkindlesmarktzeiten,
wenn die ganze Stadt nach Lebkuchen duftet.

Ein Muss dazu sind die hausgemachten Klöße, bei denen
es früher immer darum ging, wer die meisten vertilgen kann.
Und wer danach immer noch nicht satt war, für den gab es
einen Nürnberger Lebkuchen mit Glühwein.

Japanisches
Fleischfondue
Sukiyaki

**Eine Empfehlung
von Marcus Block**

Zutaten für 4 Personen:

◇ *800 g Rindfleisch*
◇ *400 g Shirataki
oder Glasnudeln*
◇ *300 g Tofu natur*
◇ *16 frische oder
getrocknete
Shiitake-Pilze*
◇ *4 Stangen Lauch oder
7–8 Frühlingszwiebeln*
◇ *200 g Spinat*

Für die Warishita-Brühe:

◇ *3 EL Zucker*
◇ *100 ml Sake oder
trockener Sherry*
◇ *100 ml Mirin
(süßer Reiswein zum Kochen)*
◇ *200 ml Kikkoman Sojasoße*

◇ *4 Eier*
◇ *50 g frischer Rindertalg*

Rindfleisch in feine, dünne Streifen von ca. 7 cm Länge schneiden. Nudeln in kochendes Wasser geben. Shirataki ca. 2 Minuten kochen, dann abgießen und in 10 cm lange Stücke schneiden.

Pilze waschen oder putzen, Stiele entfernen und die Köpfe leicht kreuzweise einschneiden. Lauch putzen, waschen, abtropfen lassen und danach in ca. 1 cm breite Ringe schneiden.

Spinat putzen, waschen und die harten Stiele entfernen. Die Blätter je nach Größe halbieren oder vierteln. Gemüse, Pilze und Fleisch auf einer Platte schön anrichten.

Für die Brühe alle Zutaten vermischen und solange erwärmen, bis der Zucker sich vollständig aufgelöst hat. Die Brühe in einem Krug oder in einer Schale mit einem kleinen Schöpflöffel auf den Tisch stellen.

Eier einzeln in vier Schälchen schlagen und für jeden Gast ein Schälchen servieren.
Rindertalg würfeln (ca. 2 cm groß).

Sukiyaki wird direkt am Tisch zubereitet. Also braucht man eine Kochplatte und einen Wok.

Etwas Öl im Wok erhitzen. Dann einige Fleischstücke darin anbraten, bis sie halb durchgebraten sind. Danach die Hälfte der Brühe und eine beliebige Menge der anderen Zutaten zugeben. Die Pilze werden erst am Ende der Garzeit dazu gereicht, weil sonst deren Fleisch zu hart wird.

Das Ei in einem Schälchen mit den Stäbchen vermischen. Die Fleisch- und Gemüsestückchen aus dem Wok werden in das Ei getaucht und gegessen.

Die restliche Brühe wird nach Bedarf immer wieder in den Wok gegossen, da sie den Zutaten den nötigen Geschmack gibt.

Schon als Teenager entdeckte ich meine Leidenschaft für das Kochen und habe mit meiner Familie und für meine Familie sowie Freunde und Gäste gekocht. Durch viele Reisen in der Kindheit nach Asien liebe ich vor allem die asiatische Küche.

Von meinem Patenonkel lernte ich köstliches Sushi zuzubereiten und mit exotischen Gewürzen und Zutaten zu zaubern. Das Rezept gehört zu meinen Lieblingsgerichten mit besonderer Vorliebe für Japan und seine Küche.

**Eine Empfehlung von
Dr. Claudia Wirth**

Lachsfilet mit Tomaten

52

Zutaten für 4 Personen:

- ◈ *1 ganze frische Lachsseite
  ohne Gräten*
- ◈ *2 frische Knoblauchzehen*
- ◈ *ca. 3 Schalotten*
- ◈ *mind. 10 Kirschtomaten*
- ◈ *1–2 Zitronen*
- ◈ *50 ml Olivenöl*
- ◈ *Salz und Pfeffer*

Den Knoblauch und die Schalotten schälen und in Ringe schneiden. Den Lachs mit einer kräftigen Prise Salz und Pfeffer zusammen mit den Knoblauchscheiben einreiben und in einen ungelochten Behälter eines Dampfgarers legen. Die Kirschtomaten und die Zitronen vierteln. Die Tomaten neben den Lachs legen und mit den Schalottenringen bedecken. Die Zitronenviertel auf den Lachs geben. Zum Schluss alles reichlich mit Olivenöl beträufeln und nochmals alles, besonders die Tomaten, salzen und pfeffern.

Je nach Dicke der Lachsseite im Dampfgarer bei 90°C ca. 8 Minuten garen.

Falls kein Dampfgarer vorhanden ist, kann das Ganze auch, dicht verpackt in einer Alufolie, im Backofen bei 180°C Heißluft gegart werden.

Als Beilage passen gut sowohl Reis als auch kleine Kartöffelchen. Ich persönlich liebe den Basmati-Safran-Reiskuchen, den ich in einem persischen Reiskocher mit einer herrlichen Kruste zubereite.

Gebratenes Zanderfilet
auf Gemüse mit Rosmarinsoße

**Eine Empfehlung von
Susanne Bollinger**

Zutaten für 4 Personen:

◇ *4 Kohlrabi*

◇ *4 Karotten*

◇ *2 kleine Zucchini*

◇ *800 g Zanderfilet*

◇ *Salz und Pfeffer
aus der Mühle*

◇ *1 Rosmarinzweig*

◇ *30 g Bratbutter*

◇ *40 g Butter fürs Gemüse*

◇ *4 kurz geschnittene
Rosmarinzweige
als Garnitur*

Für die Rosmarinsoße:

◇ *200 ml Rotwein*

◇ *300 ml Kalbsfond*

◇ *30 g kalte Butter*

◇ *2 Rosmarinzweige*

Das Gemüse waschen und trocken tupfen. Von 2 Karotten und 2 Kohlrabi mit einem Kugelausstecher größere und kleinere Kugeln ausstechen. Die Zucchini und die restlichen Karotten und Kohlrabi in möglichst gleichmäßige Stängelchen schneiden. Alles Gemüse in leicht gesalzenem Wasser gar kochen; es sollte aber noch einen schönen Biss haben. In Eiswasser abschrecken und zur Seite stellen.

Die Zanderfilets nach Geschmack salzen und pfeffern, mit Rosmarinnadeln spicken und so marinieren. Den Rotwein leicht reduzieren, den Kalbsfond dazu gießen, mit Zucker, Salz und Pfeffer würzen und nochmals etwas einköcheln. Dann die kalte Butter vorsichtig dazugeben, die fein gehackten Rosmarinnadeln beifügen und die Soße warm stellen.

In der erhitzten Bratbutter die Zanderfilets auf beiden Seiten kurz goldbraun braten. Das Gemüse in frischer Butter nochmals kurz dünsten und abschmecken. Auf vorgewärmten Tellern anrichten, die Filets darauf verteilen und mit Rosmarinzweigen garnieren. Die Soße löffelweise über das Gemüse verteilen.

Zu diesem Gericht passt ausgezeichnet Kartoffelpüree.

Das Rezept stammt von Rosa Tschudi, der wohl dienstältesten und weit über die Grenzen der Schweiz bekannten Spitzenköchin.

Karpfen gebacken

54

Zutaten für 4 Personen:

◇ *1 Karpfen*
◇ *1 Stück Butter*
◇ *3 TL Suppengemüse
  (s. Gewürzrezept)*
◇ *½ Glas Gemüsemeerrettich*
◇ *1 Apfel*
◇ *1 Zitrone*
◇ *500 g Salz zum Säubern
  des Karpfens*

Für das Suppengewürz:

◇ *250 g Möhren*
◇ *250 g Sellerie*
◇ *250 g Kohlrabi*
◇ *250 g Zwiebeln*
◇ *Salz*

Einen ausgenommenen Karpfen mit dem Salz gründlich säubern, Augen entfernen, mit Wasser abwaschen und trocken tupfen. Den Karpfen auf eine Untertasse legen und in eine flache Bratpfanne geben. Auf den Rücken des Karpfens Butterstreifen quer legen und den Rest der Butter in der Pfanne verteilen.

Den Karpfen bei starker Hitze (ca. 200 – 250° C) im Ofen erhitzen, bis die Butter geschmolzen ist. Dann 3 TL Suppengemüse in der Butter verrühren und den Karpfen damit übergießen. Das Suppengemüse wird langsam in der Butter gebräunt. Öfters die Bräunung prüfen und evtl. etwas Wasser zugießen, da meist reichlich Sauce gewünscht wird. (Backzeit ca. 45 – 60 Minuten)

Zubereitung des Suppengewürzes:
Alle Zutaten durch den Fleischwolf drehen und das Salz unterheben.

Als Beilage zum Karpfen werden Salzkartoffeln und der mit einem geriebenen Apfel verrührte Gemüsemeerrettich serviert. Zitronenscheiben nicht vergessen.
Dazu schmeckt köstlich ein Meißner Riesling!

Da es ja gegen den klassischen Karpfen Blau immer einige
Argumente gibt, wollten meine Tanten den wohlschmeckenden
Fisch würziger und attraktiver auf den Tisch bringen.

Das scheint mir mit diesem Rezept tatsächlich gelungen,
konnten wir doch etliche Gäste für dieses Gericht begeistern.

Die wichtige Hauptarbeit erfolgt durch die eigene Erstellung
des entscheidenden Gewürzes.

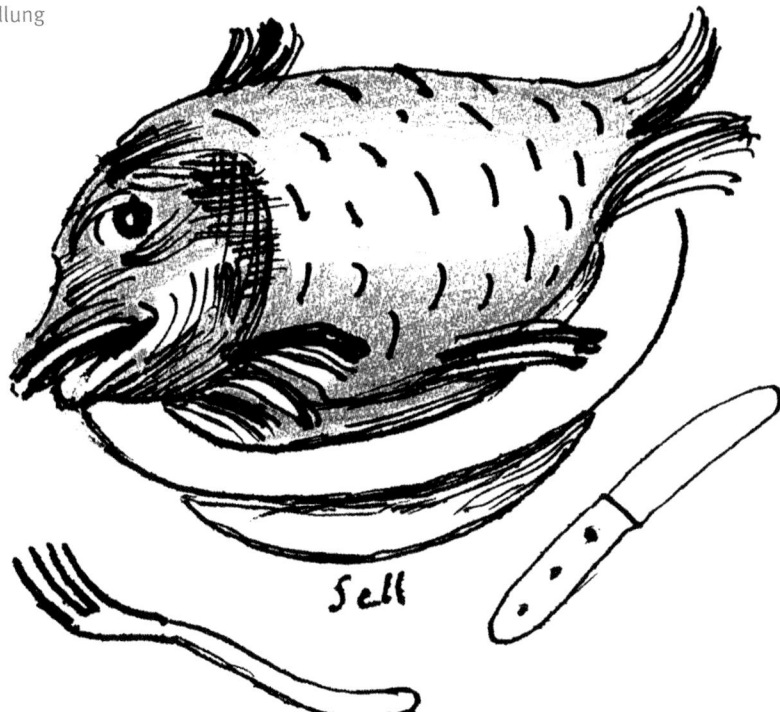

Wild & Geflügel

Intermezzi

Geschmorte Rehkeule

**Eine Empfehlung von
Elisabeth und
Dr. Andreas Sperl**

Zutaten für 4 Personen:

- 1 Rehkeule, ausgelöst
- 150 g geräucherter fetter Speck am Stück
- 4 Scheiben geräucherter fetter Speck
- 4 Scheiben geräucherter durchwachsener Speck
- Salz, Pfeffer
- Thymian- und Rosmarinzweige
- Salbeiblätter
- 12 Wacholderbeeren
- 2–3 Pimentkörner
- 60 ml Pflanzenöl
- 2–3 Zwiebeln
- 1 Möhre
- 1 Stück Sellerieknolle
- ½ l Wild-Grundfond oder Brühe
- 1 Becher süße Sahne
- evtl. Rotwein oder Cognac
- 1–2 EL Mehl

Die ausgelöste Rehkeule von allen lockeren Häuten und Sehnen befreien. Das Stück fetten Speck in gleichmäßige Streifen schneiden, mit Salz und Pfeffer bestreuen und in das Tiefkühlfach stellen.

Um die Keule zu spicken, das Fleisch mit einem spitzen Messer quer zur Fleischfaser in Abständen von 2–3 cm tief einschneiden. Die gewürzten, tiefgefrorenen Speckstreifen mit den Kräutern in die Einschnitte stecken. In jeden dritten Einschnitt eine Wacholderbeere geben. Die Keule kräftig würzen, mit den fetten Speckscheiben belegen und mit Küchengarn locker binden.

Das Gemüse putzen und grob zerkleinern. Das Öl und die geräucherten durchwachsenen Speckscheiben in einem entsprechend großen Topf erhitzen und die Keule mit dem Gemüse rasant anbraten, Sahne hinzufügen und ebenfalls kurz mitschmoren lassen. Dann mit dem Wildfond oder Brühe ablöschen und kurz aufkochen. Den Topf ohne Deckel in den auf 200° C vorgeheizten Backofen schieben und die Keule in kurzen Abständen mit dem Wildfond übergießen.

Nach etwa 15 Minuten den Topf verschließen und die Hitze auf 160° C reduzieren. Die Keule je nach Größe 1–1 ½ Stunden schmoren und dabei noch ein- bis zweimal wenden. Hat das Fleisch eine Kerntemperatur von 80° C erreicht, aus dem Topf nehmen und in Alufolie einschlagen.

58

Die Speckstreifen herausnehmen und die Soße durch ein feines Sieb passieren. Das Mehl mit wenig kaltem Wasser anrühren, die Soße damit binden und einige Minuten köcheln lassen. Die Soße evtl. mit Rotwein oder Cognac verfeinern. Die Keule in Scheiben schneiden und mit der Soße servieren.

Die Jagd hat eine lange Tradition in meiner Familie. Mein Vater war ein passionierter Waidmann, mein Mann ist ebenfalls begeisterter Jäger und inzwischen auch unsere Kinder. Somit ist das Waidwerk immer ein beliebtes Gesprächsthema in der Familie.

So manches Stück Wild wurde zur Strecke gebracht und dazu das Jägerlatein gesponnen.

Noch heute erinnere ich den herrlichen Bratengeruch in der Küche, und wenn wir 13 Kinder am Esstisch saßen und meine Mutter den Braten verteilte, war es für eine kurze Weile still, weil alle das köstliche Essen genossen.

14/35   Holzschnitt Lothar Sell 98
Handdruck

Hirschlende
mit Pistazienkruste

**Eine Empfehlung von
Prof. Dr. Harald Marx und
Dr. Dietmar Sattler**

60

Zutaten für 4 Personen:

◇ *600 g Hirschlende,
  d.h. 2 Filets ohne
  die spitzen Enden*
◇ *200 g Pastinaken*
◇ *4 mittelgroße Kartoffeln,
  mehlig kochend*
◇ *2 feste, saftige Birnen,
  z.B. Gellerts Butterbirnen*
◇ *2 Kräuterseitlinge*
◇ *60 g geschälte Pistazien*
◇ *40 g Semmelbrösel*
◇ *125 g Butter*
◇ *5 EL Butterschmalz*
◇ *2 EL Walnussöl*
◇ *1 Bio-Zitrone*
◇ *1 EL Speisestärke*
◇ *jeweils 10 Wacholderbeeren,
  Pimentkörner, Pfefferkörner*
◇ *2 Gewürznelken*
◇ *1 EL Koriandersamen*
◇ *8 große Salbeiblätter*
◇ *100 ml roter Portwein*
◇ *Salz und Pfeffer*

Zuerst füllt man ein Glas mit weichem, aber körperreichem Rotwein (z.B. 2006er Domaine de Pisan, Rasteau Côtes-du-Rhône) und gießt es in den Koch. Dann prüft man, ob alle Zutaten wohlgeraten und vollständig sind.

Die Hirschlenden und die Pistazienkruste müssen ca. 2 – 3 Stunden vor dem Beginn der Zubereitung vorbereitet werden. Für die Marinade der Filets werden Wacholderbeeren, Piment, Koriander und Pfeffer in einer trockenen Pfanne ca. 5 Minuten geröstet, im Mörser zerstoßen oder in einer Gewürzmühle gemahlen und anschließend mit dem Walnuss-öl verrührt. Mit dieser Gewürzpaste reibt man die sorgfältig parierten Filets gleichmäßig ein, wickelt sie in Frischhaltefolie und lässt sie im Kühlschrank ruhen.

Die Pistazien werden für die Krustenmasse gemahlen und mit den Semmelbröseln, der zimmertemperierten Butter und dem Abrieb einer halben Zitrone zu einer Creme vermengt. Diese wird noch mit Salz und Pfeffer abgeschmeckt und so auf eine Frischhaltefolie gestrichen und mit derselben abgedeckt und zurechtgedrückt, dass eine Platte von ca. 10 × 20 × 0,5 cm entsteht, welche möglichst flach und plan in den Gefrierschrank gelegt wird.

Die marinierten Hirschfilets werden in 1 EL heißem Butter-schmalz mitsamt der Gewürzhülle 6 – 7 Minuten rundum braun gebraten, leicht gesalzen und 25 Minuten bei 100° C Umluft auf dem Rost im Backofen rosa gegart.

auf Pastinakenrösti
an Portweinbirnen
und Kräuterseitling

Unterdessen die geschälten Pastinaken und Kartoffeln grob
(6 mm) reiben, mit der Stärke, dem Saft einer halben Zitrone
und etwas Salz gut vermengen und in 2 EL Butterschmalz
zu 4 ovalen Rösti ausbacken. Die Rösti zu den Filets in den
Ofen stellen.

Die geschälten und entkernten Birnen in je 8 Spalten
schneiden, in 1 EL heißem Butterschmalz kurz anrösten
und in Portwein und Nelken ca. 10 Minuten glacieren.
Salbeiblätter in 2 EL heißem Butterschmalz 1 Minute
knusprig ausbacken, auf Küchenkrepp zur Seite legen.
Im selben Fett die längs in 8 Scheiben geschnittenen
Kräuterseitlinge beidseits kurz braun anbraten, salzen,
pfeffern und zu den Salbeiblättern legen.

Die Filets in 8 gleich große Stücke schneiden, diese mit der
Schnittfläche nach oben auf einen großen Teller stellen und
jedes mit einer ca. 5 × 5 cm großen Tranche der gefrorenen
Pistazienkruste belegen. Bei 200° C unter dem Grill im Ofen
ca. 5 Minuten bis zu leichter Bräune überbacken.

Pro Person 2 Hirschfiletstücke auf einer Rösti platzieren,
auf einer Seite mit 4 Birnenspalten und auf der anderen
mit 2 salbeibedeckten Pilzscheiben anrichten.
Die vorgewärmten Teller verstehen sich von selbst.

» Und zum Essen kann man weitere Gläser des anfangs
in den Koch gefüllten Rotweins reichen.

**Eine Empfehlung von
Renate Steinhagen**

Gebratene Entenbrust mit Orangen-Couscous

62

Zutaten für 2 Personen:

Für die Entenbrust:

- *1 Entenbrust*
- *1 rote Chilischote*
- *1 kleine rote Zwiebel*
- *Salz, Pfeffer*
- *1 EL Öl*
- *150 ml Orangensaft (frisch gepresst)*

Für den Orangen-Couscous:

- *2 unbehandelte Orangen*
- *300 ml frisch gepresster Orangensaft*
- *3 TL Zitronensaft*
- *15 – 20 g Sesamsaat*
- *1 Topf Minze*
- *250 g 7-Minuten-Couscous*
- *Salz und ½ TL weißer Pfeffer*
- *5 EL Olivenöl*

Die Chilischote längs halbieren, entkernen und sehr, sehr fein würfeln. Zwiebel schälen und ebenfalls fein würfeln. Die Entenbrust von Federkernspitzen mit Pinzette befreien und die Haut mit einem sehr scharfen Messer rautenförmig tief einschneiden. Beide Seiten salzen und pfeffern.
Öl in einer Pfanne erhitzen und auf mittlerer Hitze beide Seiten je 5 Minuten anbraten. Fleisch mit der Hautseite nach oben in eine ofenfeste Form legen.
Entenbrust im vorgeheizten Backofen bei 200° C Umluft auf der zweiten Schiene von unten 10 Minuten braten und danach das Fleisch in Alufolie wickeln. Das flüssige Fett abgießen und darin die Zwiebelwürfel andünsten, Chili dazugeben und mit Orangensaft ablöschen. Etwa 5 – 7 Minuten köcheln lassen, damit die Soße dicklich wird und danach mit Salz und Pfeffer würzen. Fleisch aus der Folie nehmen und den ausgetretenen Bratensaft in die Soße geben. Das Fleisch in Scheiben schneiden und auf dem Couscous anrichten.

Die Orange heiß abspülen, die Schale abreiben und das Fleisch filetieren. Orangensaft mit Zitronensaft mischen. Sesam in einer Pfanne goldbraun rösten, Minzeblätter vom Stiel abzupfen, klein schneiden und ein paar Blätter für die Deko beiseite legen. Couscous in eine warme Schüssel geben und mit Salz und Pfeffer würzen. Orangensaft aufkochen und über das Couscous gießen, mischen und zugedeckt 8 Minuten ausquellen lassen. Olivenöl erhitzen und unter das Couscous mischen, damit es locker auseinanderfällt. Orangenfilets, Orangenschale, Sesam und gehackte Minze unterheben und mit den restlichen Minzeblättern garnieren.

Brathähnchen
alla Provenzale

**Eine Empfehlung
von Prof. Dr.
Gianaurelio Cuniberti**

Zutaten für 4 Personen:

- 1,5 kg Hähnchen
- 200 g Speck
- 200 g Pilze
- 150 g Zwiebeln
- 100 g Mehl
- 2 Knoblauchzehen
- 1 Flasche Rotwein
- 200 g Butter
- 1 Glas Brandy
- 1 EL Thymian
- 2 Lorbeerblätter
- Röstbrot
- 3 EL Olivenöl
- Salz, Pfeffer

Die Zwiebeln hacken und in einer Pfanne mit 50 g Butter für 5 Minuten anbraten. Den Speck in kleine Würfel schneiden und in die Pfanne geben, für weitere 5 Minuten garen.

Das Hähnchen portionsgerecht teilen. In einer eigenen Pfanne anbraten, dann die geputzten und geschnittenen Pilze hinzugeben. Beides dünsten und die Zwiebel-Speck-Mischung dazugeben.
Mit einer Prise Salz und gemahlenem Pfeffer würzen. Mischen, mit Lorbeerblättern und Thymian würzen und mit kurz angewärmtem Brandy flambieren. Den Wein hinzugeben und zum Kochen bringen. Den gehackten Knoblauch hineingeben und 40 Minuten köcheln lassen. Den Sud in ein separates Gefäß geben und durch ein Sieb seihen. Fleisch und Gemüse warm halten.

Die Soße wieder zurück auf den Herd stellen, mit Mehl geknetete Butter hinzugeben und für 10 Minuten andicken lassen.
Auf jeden Teller zwei Scheiben Brot geben, darauf Brathähnchen und Pilze betten und mit der Soße anrichten.

**Eine Empfehlung von
Dr. Marius Distler**

Getrüffelter Fasan
(Fagiano tartufato)

Zutaten für 4 Personen:

- ◇ *1 junger Fasan*
- ◇ *ggf. 1 Fasanenleber*
- ◇ *100 g weißer Speck
  vom toskanischen Schinken*
- ◇ *1 weißer Trüffel (etwa walnussgroß)*
- ◇ *Pfeffer, Salz*
- ◇ *4 Scheiben roher Bauchspeck
  (nicht geräuchert!)*
- ◇ *2 Wacholderbeeren*
- ◇ *6 EL Olivenöl*
- ◇ *2 Knoblauchzehen*
- ◇ *2 Salbeiblätter*
- ◇ *1 Gläschen Grappa*

Den Fasan ausnehmen, rupfen und absengen oder küchenfertig kaufen (in diesem Fall die Leber mitbestellen).

Den Speck vom Schinken fein hacken. Die Fasanenleber anbraten und ebenfalls fein hacken. Den Trüffel fein hobeln, mit der Leber, dem Speck und etwas frisch gestoßenem weißen Pfeffer sowie 2 gequetschten Wacholderbeeren vermengen und damit den Fasan füllen. In einer zugedeckten Schüssel eine Nacht ruhen lassen, damit der Speck das Trüffelaroma annimmt.

Vor dem Braten die Fasanenbrust mit den dünnen Bauchspeckscheiben bedecken und mit Küchengarn festbinden. Den Fasan außen leicht salzen und pfeffern und in einen Bräter setzen. Mit dem Olivenöl beträufeln, die Knoblauchzehen und Salbeiblätter zufügen und im vorgeheizten Backofen bei etwa 160°C (Gas Stufe 1) 30 Minuten braten. Den Grappa angießen, die Hitze erhöhen und noch 15 Minuten bräunen. Mit den Speckscheiben servieren.

In der Toskana kann man auf den Dörfern, in den Familien und am Herd von Freunden noch ursprüngliches toskanisches Essen entdecken. Neben Hasen und Wildschweinen gibt es dort im Frühling und Sommer an Weg- und Straßenrändern viele Fasane. Sie sind für Jäger eine besonders begehrte Beute, die vortrefflich zu dem wertvollsten Pilz der Toskana, dem weißen Trüffel, passt.

**Eine Empfehlung von
Philipp Johann Süß**

Coronation Chicken (Salat)

66

Zutaten für 10–12 Personen als Teil eines Buffets:

◇ *2 Hühnchen, gekocht oder gegrillt*
◇ *1 EL Madras Currypaste*
◇ *75 g geschälte Mandeln*
◇ *150 ml Mayonnaise*
◇ *75 ml Naturjoghurt*
◇ *2 EL Mango-Chutney (größere Mangostücke zerkleinern)*
◇ *75 g Rosinen*
◇ *75 g getrocknete Aprikosen, geviertelt*
◇ *1 Bund Frühlingszwiebeln, fein geschnitten*
◇ *120 g kleinköpfiger Blattsalat*
◇ *1 EL frische Korianderblätter*
◇ *Salz, frisch gemahlener Pfeffer*

Den Ofen auf 180° C vorheizen. Die Mandeln auf einem Backblech 8 Minuten toasten, abkühlen lassen und grob hacken.

Das Huhn vom Knochen lösen und in mundgerechte Stücke teilen. In einer Schüssel Mayonnaise, Joghurt, Currypaste und Mango-Chutney mischen. Die Soße über die Hühnerstücke geben.

Rosinen, Aprikosen, ¾ der Frühlingszwiebeln und ⅔ der Mandeln zugeben. Alles gut mischen, abschmecken und kühl stellen.

Vor dem Servieren den Salat auf einer Platte auslegen und den gekühlten Hühnersalat darauf anrichten. Die restlichen Mandeln, Frühlingszwiebeln und Korianderblätter darauf verteilen.

Dieses Gericht ist ein englischer Klassiker und wurde von Rosemary Hume zur Krönung von Elisabeth II. 1953 als »Poulet Reine Elisabeth« erstmals serviert.
Constance Spry taufte es in ihrem Bestseller »Cookery Book« um in »Coronation Chicken« und seitdem wird es in allen britischen Küchen in vielerlei Variationen zubereitet. Anlässlich des 50. Thronjubiläums (Golden Jubilee) von Königin Elisabeth erfuhr dieses Gericht eine Neuauflage als »Jubilee Chicken«.

Pasta & Beilagen

Arabesques

Käs'-Spatzen

**Eine Empfehlung
von Kilian Forster**

70

Zutaten für 4 Personen:

◇ *500 g Mehl
(wahlweise bis zur Hälfte
der Menge Vollkornmehl)*
◇ *eine Messerspitze Salz*
◇ *5 Eier*
◇ *knapp ⅛ l warmes Wasser*
◇ *bis zu ⅛ l Mineralwasser*
◇ *ca. 400 g Emmentaler (gerieben)*
◇ *ca. 400 g Zwiebeln (je nach
Geschmack mehr oder weniger)*
◇ *etwas Butter und
nach Belieben Sahne*

Die Zwiebeln schälen, in feine Streifen schneiden und in einer Pfanne mit gutem Olivenöl glasig schwenken. Zwei Drittel der gedünsteten Zwiebeln beiseite stellen, das restliche Drittel leicht anrösten und ebenfalls beiseite stellen. Wer keine gerösteten oder gedünsteten Zwiebeln mag, sollte diesen ersten Teil weglassen.

In einem möglichst großen und hohen Topf (Minimum 10 Liter) Wasser zum Kochen aufstellen. Dies kann auch im Verlauf der Teigherstellung erfolgen – sobald der Teig fertig ist, sollte das Wasser kochen! Ebenfalls wird im Verlauf der Teigherstellung der Ofen vorgeheizt (200° C) und eine Auflaufform in ausreichender Größe bereitgestellt.

Zur Bereitung des Spätzle-Teigs das Mehl mit dem Salz in eine nicht zu kleine Schüssel geben, die Eier und das warme Wasser in die Mitte des Mehls geben und mit einem großen Schneebesen oder einem Kochlöffel mit großem Mittelloch von Hand kräftig rühren.

Nachdem der Teig so weit wie möglich verrührt ist, das Mineralwasser (sprudelnd!!) zugeben und kräftig weiter schlagen, bis der Teig geschmeidig wird und Blasen wirft. Dieser Part ist etwas anstrengend und darf nicht zu kurz geraten (echte Männerarbeit!).

Wichtig ist, auf eine ausgewogene Beschaffenheit des Teigs zu achten: Er sollte zäh fließend vom Löffel laufen, keinesfalls zu flüssig, aber auch nicht so fest sein, dass er am Löffel kleben bleibt oder gar der Löffel im Teig stehen bleiben kann.

Die Herstellung der Spätzle funktioniert am einfachsten mit dem Spätzlehobel. Der Spätzlehobel wird auf den Topf mit dem bereits kochenden Wasser gelegt, der fertige Teig zügig eingefüllt und sofort »gehobelt«, sodass die Knöpfle auch als Knöpfle ins kochende Wasser fallen und nicht zusammenklumpen. Alternativ kann der Teig in Portionen, am besten in schmalen Streifen, auf ein Holzbrett gegeben und von dort mit einem Messer in kleinen Stücken ins Wasser geschabt werden. Steigen die Spätzle im kochenden Wasser nach oben, sind sie fertig.

Die Auflaufform mit Butterflocken auslegen und die Spätzle abseihen, gut abtropfen lassen, am besten mit einem »Knödelheber« direkt aus dem Kochtopf in die Auflaufform geben. Die Spätzle in Lagen, abwechselnd mit den gedünsteten Zwiebeln und dem geriebenen Käse, einschichten. Als letzte Lage Käse schichten und die gerösteten Zwiebeln darauf verteilen. Etwas Butter oder einen Schuss Sahne obenauf geben. Das Ganze im Ofen bei 200°C backen, bis der Käse obenauf knusprig wird (ca. 15 Minuten). Gut passen zu diesem reichhaltigen Gericht frische Salate der Saison.

Käs'-Spatzen oder auf hochdeutsch Käse-Spätzle sind ein Gericht aus dem süddeutschen bzw. alpenländischen Raum (bis hinüber nach Ungarn und in den Süden nach Südtirol), welches in diesem Gebiet in vielen verschiedenen Variationen und regional typischen Zubereitungsformen existiert.

Die Spatzen unterscheiden sich zum einen in den hinzugegebenen Zutaten – manche mit Geräuchertem, andere mit speziellen Käsesorten, weitere als süße Variante etc. – als auch in der Art der Spätzle an sich. Ich selbst bevorzuge die »Knöpfle«, die man mit einem speziellen Spätzle-Hobel gut herstellen oder auch einfach »vom Brett schaben« kann.

Pappardelle mit Hasenragout

Eine Empfehlung von
Prof. Dr. Sybille Ebert-Schifferer

Zutaten für 6 Personen:

◊ *600 – 700 g frische Pappardelle*
  (15 – 20 mm breite Eiernudeln,
  notfalls auch Tagliatelle)

Für die Soße:

◊ *1 küchenfertiger Hase von*
  ca. 750 g, in Stücke gehackt,
  oder entsprechend Hasenklein

Für die Marinade:

◊ *½ l Rotwein*
◊ *1 Zwiebel*
◊ *1 Lorbeerblatt*
◊ *2 Gewürznelken*
◊ *einige Pfefferkörner*

Für den nächsten Tag:

◊ *3 Stangen Staudensellerie*
◊ *1 mittelgroße Möhre*
◊ *1 Zwiebel*
◊ *2-3 Knoblauchzehen*
◊ *Thymian, möglichst frisch,*
  sonst getrocknet
◊ *ca. 400 g frische reife Tomaten,*
  am besten Flaschentomaten
  (Sorte San Marzano)
◊ *notfalls eine Dose italienische*
  Tomatenwürfel
◊ *Olivenöl*

(Pappardelle alla lepre)

Die Zutaten für die Marinade vermischen und das Hasenfleisch 24 Stunden in der Marinade im Kühlschrank zugedeckt ziehen lassen.

Am nächsten Tag die Marinade abgießen, beiseite stellen und das Fleisch abtrocknen. In einem Schmortopf mindestens 6 EL Olivenöl erhitzen und die Hasenstücke darin anbraten. Sellerie, Möhre, Zwiebel und Knoblauch klein gewürfelt bzw. gehackt dazugeben, kurz mit andünsten, dann Thymian hinzufügen und so viel von der Marinadeflüssigkeit inklusive des Lorbeerblatts dazugießen, dass das Fleisch auf kleiner Flamme zugedeckt schmort, nicht kocht. Die Tomaten mit kochendem Wasser überbrühen, häuten und klein würfeln.

Nach ca. 2 Stunden den Herd abschalten, das Fleisch herausnehmen, von den Knochen lösen und klein würfeln. Wieder in die Soße geben und die Tomatenwürfel hinzufügen. Salzen und pfeffern.

Nun das Ganze 2 – 4 Stunden auf kleiner Flamme köcheln lassen, gelegentlich nachsehen und umrühren. Hasenfleisch und Tomaten müssen sämig verkochen. Zum Schluss den Lorbeer herausfischen und mit Salz und Pfeffer abschmecken.

Erst wenn die Gäste da sind, die Nudeln in mindestens 5 l Salzwasser sprudelnd kochen (ca. 2 Minuten), sodass sie noch leicht al dente sind, abtropfen lassen und mit der Soße vermengen. Geriebener Parmesan gehört nicht darüber, aber wer es trotzdem mag…

» Berufstätige können das Rezept idealerweise für Musiker kochen, die zuvor eine entsprechend lange Symphonie (in diesem Fall war es Mahlers 6.) oder Oper aufgeführt haben und daher kaum vor 23 Uhr eintreffen, dafür aber umso mehr Kalorien verbraucht haben.

**Eine Empfehlung von
Dr. Wilhelm Zörgiebel**

Schwäbische Maultaschen

Zutaten für den Teig verkneten, bis er glatt und fest ist.
Im Kühlschrank 30 Minuten ruhen lassen.
Für die Füllung die Zutaten alle gut mischen, beiseite stellen.
Den Nudelteig mit der Maschine oder einem Nudelholz
in nicht zu dünne, 10 – 12 cm breite Bahnen ausrollen,
dabei mit Mehl bestäuben. Die Füllung auf eine halbe Länge
der Teigbahn-Mitte streichen, die zweite Hälfte darüber
schlagen und außen entlang andrücken. Mit einem Kochlöffel-
stiel im Abstand von etwa 6 cm Maultaschen abdrücken,
danach mit dem Teigrad durchschneiden. Teigenden noch
etwas andrücken.
In leicht siedender Brühe ca. 10 Minuten ziehen lassen.
Schmeckt als Suppe oder mit Kartoffelsalat und Salatteller.

Zutaten für 4 Personen:

Für den Teig:

⬦ *200 g Mehl*
⬦ *100 g Hartweizengrieß*
⬦ *3 EL Wasser*
⬦ *3 EL Olivenöl*
⬦ *3 Eier*
⬦ *eine Prise Salz*

Für die Füllung:

⬦ *500 g Hackfleisch*
⬦ *1 große Zwiebel*
⬦ *3 Eier*
⬦ *3 eingeweichte Brötchen*
⬦ *2 EL Hartweizengrieß*
  (fakultativ)
⬦ *gehackte Petersilie*
⬦ *Salz, Pfeffer, Gewürze*

Pesto Genovese con noce

**Eine Empfehlung von
Dr. Silvia Brüggen**

Zutaten für 4 Personen:

- ◇ *40 – 50 g Basilikumblätter*
- ◇ *50 – 100 ml Rapsöl*
- ◇ *50 – 100 ml Olivenöl*
- ◇ *50 – 60 g Pinienkerne*
- ◇ *ca. 25 geschälte frische Nüsse
  oder Nüsse aus einer Nussmischung*
- ◇ *20 – 40 g frisch geriebener
  Parmigiano Reggiano*
- ◇ *1 dicke (oder 2 kleinere)
  Knoblauchzehe (zerdrückt)*
- ◇ *Salz*

Die Basilikumblätter, ca. ¾ des Öls, den Knoblauch, die Pinienkerne und die Nüsse sowie eine Prise Salz (je nach Geschmack 3 – 4 g) in eine Küchenmaschine (Einsatz: Messer) geben und diese auf die höchste Stufe stellen. Dem Pesto bei laufender Küchenmaschine den Parmigiano hinzufügen. Je nach gewünschter Konsistenz noch etwas Öl beigeben.

Mit den Nusssorten, die hinzugefügt werden, kann der Geschmack des Pesto leicht variiert werden. Cashewkerne und Mandeln, ergänzt um zwei oder drei Haselnüsse erzielen ein gutes Ergebnis. Walnüsse sollten nicht verwendet werden, weil sie einen bitteren Geschmack erzeugen. Nach Wunsch kann das Rezept nur mit Rapsöl oder nur mit Olivenöl realisiert werden. Dem Original am nächsten kommt eine Variante mit nur wenigen Esslöffeln Öl (ca. 50 ml), wobei die Masse dann mit Butter (ca. 50 – 70 g) statt dem restlichen Öl ergänzt wird. Das Untermischen der Butter (Zimmertemperatur oder leicht erwärmt) sollte per Hand erfolgen. Wenn die Nüsse weggelassen werden, entspricht dies in etwa dem Originalrezept aus dem Piemont.

Das Rezept ist durch Zufall entstanden. Weil ich eines Tages bei der Zubereitung von Pesto feststellen musste, dass ich vergessen hatte, neue Pinienkerne zu kaufen, habe ich die noch vorhandenen Pinienkerne mit verschiedenen Nüssen aus einer Nussmischung gestreckt. Zu meiner Überraschung stellte ich fest, dass die Nüsse dem Pesto ein wohlschmeckendes, den Piniengeschmack sehr gut ergänzendes Aroma, gaben. So wurde aus der Not eine Tugend.

Pasta à la Ungarese

**Eine Empfehlung
von Krisztina und
Michael Sanderling**

76

Zutaten für 2–3 Personen:

- *1 Zwiebel*
- *10 cm ungarische Kolbasz
  (oder sehr trockene Paprikawurst)*
- *1 Müslischale TK-Gemüsemischung
  mit Mais, Erbsen und Karotten*
- *1 Dose Tomatenmark*
- *1 Knoblauchzehe*
- *½ –1 Paket Vollkornspaghetti*
- *Ketchup*
- *Salz, Pfeffer*
- *Oregano oder italienische
  Kräutermischung*
- *geriebener Parmesan*

Pasta laut Paketanweisung kochen.
Wie bei allen ungarischen Gerichten wird die klein
geschnittene Zwiebel in Sonnenblumenöl gebraten,
bis sie glasig ist. Kein Olivenöl verwenden, sonst
wird alles bitter.

Die Kolbasz-Wurst wird in Scheiben geschnitten,
zu den Zwiebeln gegeben und gebraten bis sie
»gesund-dunkel« ist. Dann wird das TK-Gemüse
dazugegeben und das Tomatenmark untergemischt.

Während die Nudeln kochen, ein wenig Nudelwasser
auf die Wurst-Tomaten-Mischung geben, um eine
leichte Soße zu bekommen.

Den geschnittenen Knoblauch dazugeben, damit
er im Tomatensud seine Würze richtig entfaltet.
Ein wenig Ketchup rundet den Geschmack ab.
Mit Salz und Pfeffer nach Geschmack würzen und
die Soße mit der abgetropften Pasta mischen.

Vor dem Servieren alles mit Parmesan bestreuen und
wenn man mag, das Gericht mit scharf angebratenen
Kolbasz-Scheiben verzieren.

Aus der Rubrik »alles aus der Reserve unserer
Speisekammer«.

**Eine Empfehlung von
Nora, Kilian und Victor
de Maizière**

Crevettensößchen
zu Spaghettini

Zutaten für 4–6 Personen:

◇ 100 g Schalotten

◇ 1 Nuss Butter

◇ 1 Töpfchen (ca. 40 g) Krebsbutter

◇ 3 TL Currypulver

◇ Cayennepfeffer

◇ 15 g Honig

◇ 150 ml Weißwein

◇ 1 Dose geschälte Tomaten

◇ 500 ml Sahne

◇ 2–3 Pakete Krebsfleisch

◇ 80 g Pinienkerne

◇ etwas Bitterorangenmarmelade
   oder Orangensaft

Die Schalotten klein schneiden und in Butter und Krebsbutter anschwitzen, mit dem Currypulver und dem Cayennepfeffer würzen und rösten. Den Honig dazugeben und alles mit 100 ml Weißwein ablöschen.

Die geschälten Tomaten abtropfen lassen und klein hacken, zu den anderen Zutaten geben und 12 Minuten köcheln lassen. Die Sahne zugeben und mit Salz, Pfeffer und evtl. Cayennepfeffer würzen. Etwas Bitterorangenmarmelade oder Orangensaft darf nicht fehlen, das gibt die besondere Note!

Anschließend das Krebsfleisch anbraten und mit dem restlichen Weißwein ablöschen. Die Pinienkerne rösten und beides der Soße hinzufügen.

Die Soße wird zu frisch gekochten Spaghettini oder Tagliatelle serviert, natürlich ohne Parmesan, schließlich handelt es sich um Meeresfrüchte!

Nach diesem Rezept lecken wir uns die Finger, wenn wir mal nach Hause kommen – Guten Appetit!

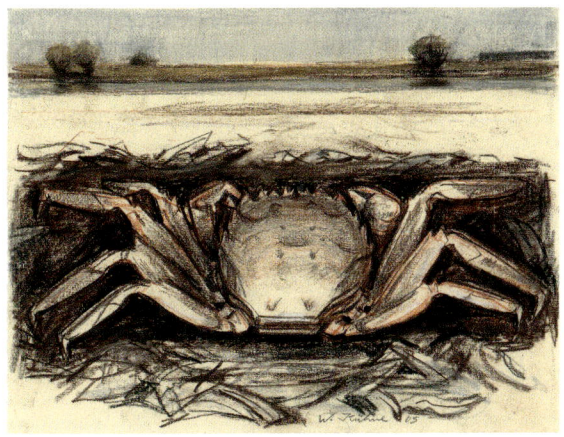

**Eine Empfehlung von
Andreas Aumüller**

Ragù alla Bolognese

Karotte, Selleriestange und Zwiebel fein schneiden.
Die Hälfte des Öls in einem Tiegel erhitzen und darin das
zerkleinerte Würzgemüse bei mittlerer Hitze etwa
10 Minuten dünsten.

Unterdessen das restliche Öl in einer großen Sauteuse
auf mittlerer Stufe erhitzen. Darin die zerkleinerte
Knoblauchzehe 30 Sekunden braten und wieder entfernen.
Das gehackte Kalbfleisch zufügen und etwa 10 Minuten
unter ständigem Rühren gleichmäßig anbräunen.
Danach das Tomatenmark einrühren und 2 Minuten kochen
lassen. Anschließend den Geflügelfond einrühren und das
Bouquet garni in einem Stück Mull gebunden sowie etwas
Salz und Pfeffer zufügen.

Die Soße zum Kochen bringen und auf kleiner Flamme unter
mehrmaligem Umrühren etwa 1 Stunde kochen lassen.
Falls die Soße zu schnell einkochen sollte, etwas Wasser
hinzufügen und die Hitze noch weiter reduzieren.
Die Soße sollte nicht zu dick werden, sondern flüssig
bleiben. Zum Schluss nochmals abschmecken.

Zutaten für 4 Personen:

- *1 Karotte*
- *1 Stange Staudensellerie*
- *1 kleine Zwiebel*
- *125 ml Olivenöl*
- *1 Knoblauchzehe*
- *450 g gehacktes Kalbfleisch*
- *125 ml Tomatenmark*
- *2 EL Mehl*
- *125 ml trockener Weißwein*
- *1 l Geflügel- oder Kalbsfond*
- *1 Bouquet garni
  (Rosmarin, Thymian,
  2 Stängel glatte Petersilie)*
- *1 TL Salz*
- *frischer Pfeffer*

Als Vater von vier Kindern ist es nicht
immer einfach, ein Gericht zu finden,
was allen schmeckt.
Mit Spaghetti Bolognese, dem
»kleinsten gemeinsamen Nenner«,
gelingt mir das immer.

79

Mama Tresele's Speckknödel

**Eine Empfehlung von
Hans Joachim Nothelfer**

Zutaten für 3 Personen:

◊ *500 g altbackenes Weißbrot, in Südtirol »Knödelbrot« genannt*

◊ *150 g Pseirer Speck (geräucherter Speck, Passeiertal/Südtirol)*

◊ *1 mittelgroße Zwiebel*

◊ *Sonnenblumenöl*

◊ *5 Eier*

◊ *1 Bund Petersilie*

◊ *etwas Schnittlauch*

◊ *1 gestrichener EL Mehl (Weizen- oder Buchweizenmehl)*

◊ *Salz*

Das Knödelbrot klein schneiden, dann wenig salzen und mit einigen Tropfen Sonnenblumenöl beträufeln. Speck und Zwiebel im eigenen Fett leicht anrösten und dann auf das Brot gießen.

Petersilie und Schnittlauch hacken und beimengen. Die Eier in etwas Wasser verquirlen und dann in die Brotmasse einrühren (nicht zu nass!). 5 – 10 Minuten ziehen lassen, danach mit Mehl anstäuben.

Mit angefeuchteten Händen aus dieser Masse Knödel formen und im kochenden Salzwasser ca. 10 – 12 Minuten köcheln lassen.

Tipp: Um zu prüfen, ob die Knödel durch sind, eignet sich der »Hörtest«. Wenn der Knödel knistert, ist er durch.

Dieser köstliche Knödel kann mit verschiedenen Salaten, in kräftiger Fleischbrühe oder in Gemüsebrühe, jeweils mit reichlich Schnittlauch, serviert werden.

Das »Stricker Tresele«

Das »Tresele« (Theresia) wurde im Jahr 1932 als drittes
von sieben Kindern geboren. Ihre Heimat ist ein kleines
karges Berghöflein – der Strickerhof – auf den steilen
Bergen von Matatz, einem Weiler oberhalb St. Martin
in Passeier im schönen Südtirol.

Von klein auf lernte sie jede Mahlzeit als ein besonderes
Geschenk zu schätzen, denn es war nicht immer genug
zu essen für alle da. Umso mehr – oder gerade deshalb –
hat es das »Stricker Tresele« gelernt, als sie selbst sechs
Kindern das Leben schenkte, ihre Familie mit köstlichen
Mahlzeiten zu verwöhnen.

Ganz besonders beliebt sind ihre Speckknödel, von denen
sie große Mengen zubereitet und auch einfriert. Den Gästen,
die jederzeit bei ihr willkommen sind, serviert sie zu allen
Tageszeiten, oft bis in die Nacht hinein, diese wunderbare
und von allen geliebte Spezialität; für ihre Gastfreundschaft
und ihre offenen Arme ist sie weithin bekannt.
Auch jetzt noch, bald 80-jährig, wirbelt sie in ihrer Küche mit
unglaublichem Elan und macht hungrige Mäuler glücklich.

Dir, »liabs Tresele«, von ganzem Herzen Dank dafür!

Salate & Gemüse

Fantaisies

82

Alice-Salat (wie er 1960 in New York Mode war)

**Eine Empfehlung von
Dr. Jessica Distler**

Zutaten für 4 Personen:

◊ *50 g Endiviensalat*
◊ *50 g Chicorée*
◊ *50 g grüne Paprikaschote*
◊ *50 g Aubergine*
◊ *50 g Apfel*
◊ *50 g Tomate*
◊ *50 g Orange*
◊ *50 g Grapefruit*
◊ *2 EL Mayonnaise*
◊ *4 EL Orangensaft*
◊ *etwas Tabasco*
◊ *etwas Salz*

Den Salat waschen und in nudelige Streifen schneiden. Die Tomaten entkernen und die Filets ebenfalls in kleine Streifen schneiden. Den Apfel schälen und auch in dünne Streifen schneiden. Den Chicorée halbieren und den Strunk keilförmig ausschneiden. Die Aubergine halbieren, das Innere zur Hälfte aushöhlen und den Rest in Halbringe schneiden. Orangen und Grapefruits schälen, die einzelnen Segmente von der Haut befreien und klein würfeln. Paprika entkernen und in feine Streifen schneiden. Alles gründlich vermischen.

Aus Mayonnaise, Tabasco, Salz und Orangensaft eine Marinade rühren und mit dem Salat vermischen.

Alice Waters ist eine der einflussreichsten Persönlichkeiten der modernen amerikanischen Küche. Sie setzte sich in den USA für ökologische Lebensmittel ein, als es noch keine Ökobewegung gab. Mitte der Sechzigerjahre lebte sie in Frankreich und studierte dort Kulturwissenschaften. Doch war sie mehr in französischen Restaurants als im Hörsaal zu finden und entdeckte ihre Liebe zur französischen Küche. 1971 gründete Alice Waters das Restaurant »Chez Panisse« in Berkeley, California. Die Speisekarte beinhaltet alles, was die Jahreszeit frisch auf den Tisch bringt, und enthält nur regionale, unbehandelte und umweltverträglich angebaute Lebensmittel. Das Restaurant bietet ein festes Menü an, welches täglich wechselt und jahreszeitlich geprägt ist. Besonders gut schmeckte mir der Alice-Salat, der schon in den 6oer Jahren in New York Mode war und den man dort heute noch auf der Speisekarte einiger Restaurants findet.

**Eine Empfehlung von
Michael Bollinger**

Salat von Scampi
mit Orangenfilets

Zutaten für 4 Personen:

◇ *16 große Scampi,*
  ganz mit der Schale
◇ *20 g Bratbutter*
◇ *3 ganze Orangen*
◇ *Saft von 3 Orangen*
◇ *1 Zitrone*
◇ *Saft von einer Zitrone*
◇ *1 TL Zucker*
◇ *3 EL Sherryessig*
◇ *1 EL Balsamicoessig*
◇ *8–10 EL Sonnenblumenöl*
◇ *Salz und Pfeffer*
◇ *4 schöne Kopfsalatblätter*

Die Scampi mit der Schale längs mit einem scharfen Messer aufschneiden, in der Bratbutter glasig braten und warm stellen. Von den ganzen Orangen einige feine Streifen Schale ablösen, kurz blanchieren. Die Orangen schälen und die Filets auslösen. Beides für die Garnitur beiseite stellen.

Für das Dressing Orangen- und Zitronensaft mit dem Zucker in eine Pfanne geben und vorsichtig karamellisieren. Sherryessig, Balsamicoessig, Sonnenblumenöl, Salz und Pfeffer zugeben und gut verrühren.

Die Scampi auf Tellern anrichten, mit den Salatblättern, den Orangenfilets und den Orangenschalenstreifen garnieren und alles mit dem Orangendressing beträufeln.

85

Auberginen-Zucchini-Sommer-Salat

**Eine Empfehlung von
Astrid Freifrau v. Friesen-Sello**

Zutaten für 4 Personen:

◇ *300 g kleine Zucchini*

◇ *300 g Auberginen*

◇ *150 g rote Zwiebeln*

◇ *10 EL Olivenöl*

◇ *6 EL Zitronensaft*

◇ *50 g Rosinen*

◇ *50 ml trockener Weißwein*

◇ *200 g Pinienkerne*

◇ *20 g Zitronat*

◇ *20 g Orangeat*

◇ *1 Bund Pfefferminze
und Petersilie*

◇ *Pfeffer und Salz*

Zucchini putzen, längs halbieren, quer in dünne Dreiecke schneiden und mit 1 TL Salz mischen. Auberginen putzen und in 5 mm dicke Würfel schneiden, salzen, mit den Zucchini in reichlich Olivenöl bei mittlerer Hitze 3 Minuten braten und in eine Schüssel geben. Zwiebeln grob würfeln und in 1 EL Öl andünsten.

Rosinen, Zitronat und Orangeat fein hacken, ebenso die Minze und Petersilie und alles mischen. Pinienkerne leicht anrösten und hinzugeben. Aus Weißwein, Zitronensaft, Salz und Pfeffer ein Dressing mischen und mit dem Salat vermengen. Sehr kalt servieren.
Dazu passt kurz gebratene Entenbrust oder (vegetarisch für die Freundinnen) Austernpilze mit:

Persischem Reis
Langkornreis in Gemüsebrühe kochen und geraspelte Möhren sowie gehackte Haselnüsse untermischen. Mit Salz und reichlich Piment abschmecken, halbierte weiße und blaue Weintrauben unterheben und zum Schluss mit frisch gehacktem Kerbel bestreuen.

Ich liebe die Kombination von Gemüse und Obst, von salzig und süß, von ungewöhnlichen Zutaten. Ähnliche Varianten nutze ich auch für normale Salate – was der Kühlschrank gerade hergibt, wie z.B. diverse grüne Salatarten, eine Vinaigrette sowie Äpfel, Birnen, Weintrauben plus Tomaten, Feta, Avocado usw.

Hamburger Grünkohl

**Eine Empfehlung von
Kathrin und Dr. Johannes
Handschumacher**

Zutaten für 6 Personen:

◊ *2 kg Grünkohl*

◊ *1 kg Kassler*

◊ *12 Mettenden*

◊ *1 kg kleine Pellkartoffeln*

◊ *30 g Schmalz*

◊ *2 Zwiebeln*

◊ *¼ l Gemüsebrühe*

◊ *Salz, Zucker*

◊ *Senf*

Die Grünkohlblätter von den dicken Mittelstrünken abzupfen, waschen und klein schneiden. Den Grünkohl einige Minuten in kochendem Wasser blanchieren, bis er zusammenfällt.

Die gewürfelten Zwiebeln im Schmalz glasig dünsten, den Kohl und die Gemüsebrühe dazugeben und vermengen. Die Mettenden auf den Grünkohl legen und mit einer Gabel mehrfach anstechen. Alles bei mittlerer Hitze 45 Minuten köcheln lassen. Die Kasslerscheiben dazu geben, mit Grünkohl bedecken, weitere 15 Minuten schmoren und dann den Grünkohl gut abtropfen lassen. Unter Umständen mit Salz nachwürzen.

Inzwischen kleine Kartoffeln kurz kochen, pellen und in der Pfanne goldbraun anbraten. Zucker bei geringer Hitze dazu geben, sodass die Kartoffeln karamellisieren.

Zum Essen Senf und im Anschluss einen Schnaps reichen.

Beim Grünkohlessen wird eigentlich der Grünkohlkönig gekürt, indem die Gäste vor und nach dem Essen gewogen werden. König ist, wer am meisten zugenommen hat. Leider mögen sich die Gäste nicht gerne wiegen…

Octopussalat mit Limette und Koriander

**Eine Empfehlung von
Malgorzata Chodakowska**

88

Zutaten für 8 Personen:

◇ *2–2,5 kg Octopus*
◇ *Suppengrün*
◇ *1 Chilischote*
◇ *1 Zwiebel*
◇ *6 Tomaten*
◇ *2 Paprika*
◇ *2 unbehandelte Zitronen*
◇ *1 Limette*
◇ *1 Bund frischer Koriander*
◇ *Olivenöl*
◇ *Salz, Pfeffer*

Den Octopus waschen und im Ganzen in einem
Topf mit dem Suppengrün, Zwiebel und Chilischote
ca. 60 Minuten auf kleinster Stufe kochen.
(Gemüse nur zum Kochen verwenden!)

Tomaten und Paprika in kleine Würfel schneiden.
Octopus nach dem Abkühlen in ca. 0,5 cm große Scheiben
schneiden, das Auge in der Mitte muss entfernt werden.

Die Schale von 2 Zitronen abreiben und alle Zutaten
in einer Schüssel mischen. Reichlich Olivenöl, Salz,
Pfeffer, Zitronen- und Limettensaft sowie gehackten
Koriander dazugeben.

Als Beilage empfehle ich Baguette und als Getränk den
Riesling »R« 2010 von meinem Mann Klaus Zimmerling.

Marinierte
Zucchini

**Eine Empfehlung
von Eva Oehmichen**

Zucchini waschen und längs in etwa 3 mm dicke
Scheiben schneiden. Reichlich Olivenöl in der Pfanne
erhitzen und die Zucchinischeiben darin frittieren.

Zucchinischeiben auf Küchenkrepp gut abtropfen
lassen und danach kleine Röllchen formen.
Röllchen in einer flachen Schüssel nebeneinander
aufsetzen, pfeffern und salzen.

Kräuter und Knoblauch hacken und auf die
Zucchiniröllchen geben, Essig darauf verteilen und
mindestens 3 Stunden ziehen lassen.

Marinierte Zucchini eignen sich gut als Vorspeise
mit Baguette oder auch zu Käse und Wein.

Zutaten für 4 Personen:

- *4 kleine Zucchini*
- *1 Bund Petersilie*
- *1 Bund Basilikum*
- *3 Salbeiblätter*
- *1 Knoblauchzehe
  nach Belieben*
- *5 EL Weinessig*
- *Olivenöl zum
  Frittieren*
- *Salz und Pfeffer
  aus der Mühle*

Kürbisrisotto mit gebratenem Rinderfilet und Basilikum-Öl

Eine Empfehlung von Silvia und Prof. Dr. Klaus-Peter Günther

Zutaten für 4 Personen:

- 600 g Rinderfilet am Stück
- Salz, Pfeffer
- 80 ml Olivenöl
- 1 Schalotte
- 400 g Hokkaido-Kürbis
- 50 g Butter
- 250 g Risottoreis
- 100 ml Weißwein
- 400 ml Hühnerbrühe
- Safranfäden
- 50 g geriebener Parmesan
- 1 Bund Basilikum

Backofen auf 150°C vorheizen. Rinderfilet salzen und pfeffern. 1 EL Öl in einer Pfanne erhitzen und das Filet rundum anbraten. Filet mit der Pfanne in den Ofen stellen und darin 25 Minuten garen.

Den Kürbis waschen und mit der Schale in kleine Würfel schneiden. Die Schalotte ebenso würfeln. 1 EL Butter erhitzen und die gewürfelte Schalotte darin glasig dünsten, den Reis dazugeben und mit Weißwein ablöschen. Kürbis und Safranfäden hinzufügen sowie nach und nach die Brühe unter ständigem Rühren. Nach ca. 20 Minuten die restliche Butter und den Parmesan unterrühren.

Basilikum mit Olivenöl und Salz fein pürieren. Risotto auf Tellern anrichten, das Rinderfilet in dünne Scheiben schneiden und auf dem Risotto verteilen. Mit Basilikum-Öl beträufeln.

Dies ist das Lieblingsrezept unserer Kinder. Dazu hören wir gerne Till Brönner »Ocean«.

Süßspeisen

Bagatelles

**Eine Empfehlung
von Britta Lüning**

Rosa-Sahne-Creme

Zutaten für 4–6 Personen:

◇ ¾ l Milch
◇ 8 Blatt Gelatine
◇ 100 g Zucker
◇ 1 Päckchen
   Vanillinzucker
◇ ¼ l Sahne
◇ 2 Eiweiß
◇ 4 EL Rum

Milch, Vanillinzucker und Zucker bringt man zum Kochen und lässt alles ein wenig abkühlen. Gelatine wird in etwas Wasser aufgelöst und zur Milch gegeben.

Das Ganze kommt in eine Schüssel, wird mit Rum abgeschmeckt und so lange gerührt, bis es abgekühlt ist. Zum Schluss hebt man die geschlagene Sahne und das Eiweiß unter.

» Das Rezept stammt aus dem handschriftlich geführten Kochbuch meiner Großmutter und wurde in meiner Kindheit zu besonderen Anlässen serviert.

Eine Empfehlung
von Rudolph Lüning

Vanillepudding de luxe

Sell

Zutaten für 4 Personen:

- ◊ ½ l Milch
- ◊ 1 Päckchen Puddingpulver
- ◊ 2 EL Rum
- ◊ 100 g gemahlene Mandeln
- ◊ 1 Becher Schlagsahne
- ◊ 1 einzelne unzerteilte geschälte Mandel

Aus Milch und Puddingpulver einen Pudding herstellen und während des Abkühlens umrühren.
Rum, gemahlene Mandeln und steif geschlagene Sahne unterziehen. Zum Schluss die einzelne Mandel zugeben.

» Dieser verfeinerte Vanillepudding wurde sonntags in meiner Familie als Nachspeise serviert.
Wer die Mandel erhielt, bekam einen kleinen Obolus.

**Eine Empfehlung von
Prof. Dr. Robert Grützmann**

Crème brûlée

Zutaten für 6 Personen:

◇ *400 ml Sahne*
◇ *200 ml Milch*
◇ *90 g Zucker*
◇ *Eigelb von 4 Eiern*
◇ *1 Vanilleschote*
◇ *brauner Rohrzucker*

Die Vanilleschote auskratzen, das Mark mit etwas Zucker im Mörser vermischen. Sahne, Milch, Vanillinzucker und den Zucker miteinander vermischen und den Zucker auflösen. Die Eigelb dazugeben und kurz mit dem Stabmixer durchmixen. Die Mischung einige Stunden oder über Nacht kühl stehen lassen.

Die Eiersahne nochmals gut durchmischen, ohne dass die Flüssigkeit schäumt. Die Eiersahne in Förmchen gießen und diese in die Saftpfanne des Backofens setzen.

In den auf ca. 150° C Umluft vorgeheizten Backofen schieben, in die Saftpfanne kochend heißes Wasser gießen, sodass die Förmchen gut zur Hälfte im Wasser stehen. Wenn die Crème Blasen wirft, Temperatur ggf. etwas herunterschalten. Nach ca. 40 – 45 Minuten sollte die Crème fest sein (in der Mitte ist sie dann gerade nicht mehr flüssig). Die Förmchen sollten nicht mehr als 2,5 – 3 cm hoch sein, nicht mehr als 12 cm im Durchmesser haben und aus hitzebeständigem Porzellan bestehen. Die Zubereitung funktioniert nur gut mit diesen Schälchen.

Die Crème erkalten lassen und kurz vor dem Servieren dünn mit dem braunen Rohrzucker überstreuen und mit einem Bunsenbrenner karamellisieren.

❯❯ Meine Freunde lieben diese Köstlichkeit.

Marquise au chocolat

**Eine Empfehlung
von Dr. Dorothee Gahr**

Zutaten für 6 Personen:

◇ *250 g bittere Schokolade*
◇ *100 g Vollmilchschokolade*
◇ *2 Eier*
◇ *2 EL Aprikosengeist*
◇ *1 EL Rum*
◇ *2 EL Nescafé*
◇ *350 ml Sahne*
◇ *Kakaopulver zum Bestäuben*

Die Schokolade über dem Wasserbad unter Rühren schmelzen, beiseite stellen. Eier in einem Topf über dem Wasserbad cremig aufschlagen, in Eiswasser kalt schlagen.

Die Schokolade jetzt zugießen und untermischen. Dann Aprikosengeist, Rum und den mit wenig heißem Wasser aufgelösten Kaffee zugeben, Sahne steif schlagen und vorsichtig unterheben.

Eine Terrinenform oder Kastenbackform mit Klarsichtfolie auslegen. Die Schokoladenmasse einfüllen, glatt streichen und die Folie darüber ziehen. Über Nacht die Form in den Kühlschrank stellen, mit Kakaopulver bestäuben und verzieren.

Holunderblütenmus

**Eine Empfehlung
von Sabine Wenzel**

Zutaten für 4 Personen:

- *8 Holunderblütendolden*
- *1 l Milch*
- *150–180 g Reismehl
  aus frisch gemahlenem
  Rundkornreis*
- *100 g Zucker*
- *evtl. 1 cl Kirschsaft*
- *30 g kandierte oder
  frische Veilchen*

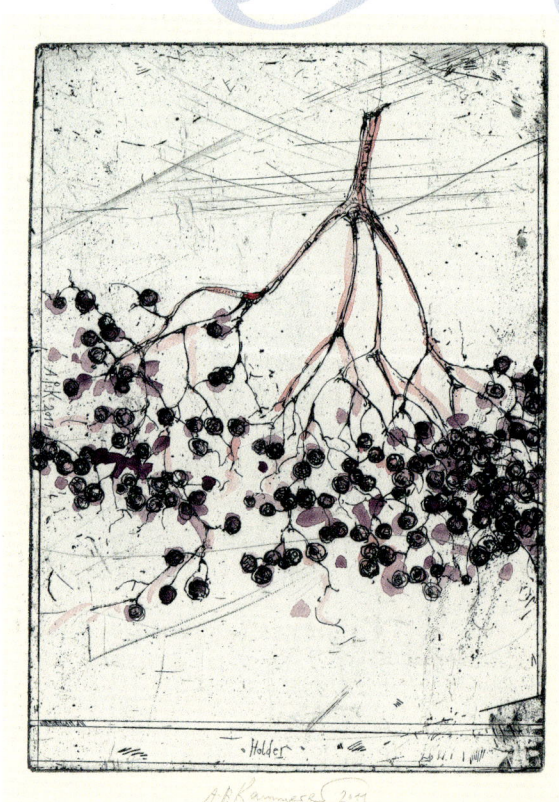

Holunderblüten waschen, in der Milch aufkochen und durch ein Sieb streichen. Danach erneut erhitzen, den Zucker dazugeben und den Kirschsaft, falls man das Holundermus färben möchte. Das Reismehl unter ständigem Rühren hineinrinnen lassen und die Milch damit andicken.

Zum Erkalten in eine Schüssel füllen und mit frischen oder kandierten Veilchen dekorieren.

Dies ist ein sächsisches Rezept und stammt aus dem Mittelalter.

Götterspeise
aus Mecklenburg

Zutaten für 8–10 Personen:

- *1 kg Quark (20% Fett)*
- *600 g geschlagene Sahne*
- *1½–2 Gläser entsteinte
  Sauerkirschen*
- *4–5 Scheiben Pumpernickel*
- *1 Tafel Blockschokolade*
- *Zucker nach Belieben*
- *ca. 15 EL Rum (40%)*

Quark, Schlagsahne und den Saft von 2 Gläsern Sauer-kirschen mit Zucker mischen. Es muss eine cremige Masse entstehen, nicht zu dick und nicht zu flüssig.

Zuerst Pumpernickel und dann die Blockschokolade im Mixer klein raspeln.

Danach die Götterspeise in Schichten zubereiten. Man gibt zuerst einen Teil der Quark-Sahne-Mischung in eine Schüssel, streut darüber Pumpernickel und Schokoraspel, so dicht, dass der Quark nicht durchscheint. Darüber werden Sauerkirschen locker verteilt und mit Rum beträufelt.

Dieser Vorgang wird noch zweimal wiederholt und die oberste Schicht dann beliebig mit Kirschen verziert.

Das Rezept stammt von unserer Mutter aus Mecklenburg und wurde für uns Kinder immer zu Geburtstagen oder besonderen Gelegenheiten zubereitet. Auch heute noch wird dieser Nachtisch von unseren Kindern gerne gegessen.

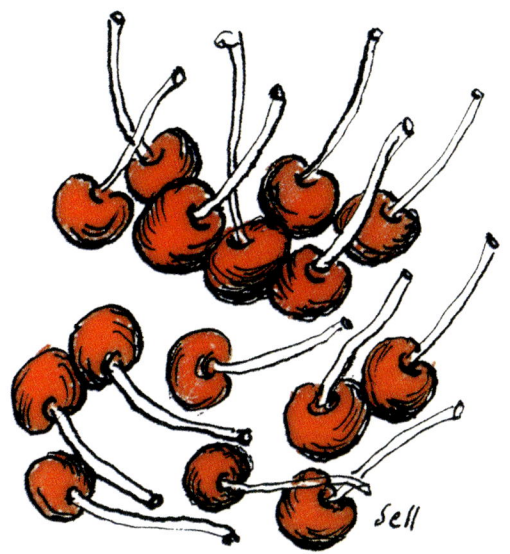

Sell

Himmlische Speise

**Eine Empfehlung
von Maria Krusche**

Zutaten für 6–8 Personen:

◇ *500 g gefrostete
   Himbeeren*
◇ *300 g Naturjoghurt,
   leicht gesüßt*
◇ *200 ml Schlagsahne,
   steif geschlagen*
◇ *1–2 TL Puddingpulver
   zum kalt Anrühren
   und etwas Milch*
◇ *250 g groben Rohrzucker*

Die Himbeeren werden in eine runde Form oder einzelne Gläser gegeben. Joghurt, die steif geschlagene Sahne und das angerührte Puddingpulver werden gemischt und auf den Himbeeren verteilt.

Als oberste Schicht wird der Rohrzucker dick darübergestreut. Die Speise sollte vor dem Servieren 10 Stunden im Kühlschrank gewesen sein.

Gold-Weiß-Rot… Bei meiner Großmutter gehört zu jedem, wirklich jedem Mittagessen ein »Nachtisch«. Das fand ich schon als Kind fürstlich.

Später entdeckte ich, es gibt auch Süßspeisen, die zaubern viele »Ohs« und »Ahs« hervor und haben nur einen Trick: Ein bisschen früher daran denken. Und alle freuen sich, nicht nur der Farben wegen!

Zwetschgen-/Marillenknödel

**Eine Empfehlung von
Christine und Prof. Dr. Dr.
Gerhard Strugala**

Die Kartoffeln werden gekocht, gepellt und noch heiß
auf das mit Mehl bedeckte Nudelbrett passiert und gesalzen.
Danach Kartoffeln und Mehl locker mischen und
mit den übrigen Zutaten rasch zu einem Teig verarbeiten.
Wird Kartoffelteig zu lange bearbeitet, wird er zäh.

Der Kartoffelteig wird zu einer Rolle geformt, davon schneidet
man Scheiben ab, drückt sie etwas auseinander, belegt
sie mit Zwetschgen oder Marillen und formt Knödel.
Diese kocht man 10 Minuten in Salzwasser und nimmt sie
dann vorsichtig heraus.

Die Knödel in mit Butter gerösteten Bröseln wälzen und
mit Zucker bestreuen. Heiß servieren!

Zutaten für 4–6 Personen:

- ◇ *1 kg mehligkochende
  Kartoffeln*
- ◇ *Salz*
- ◇ *30 g Butter*
- ◇ *200 g Mehl*
- ◇ *50 g Grieß*
- ◇ *1 Ei*
- ◇ *500 g Zwetschgen
  oder Marillen*
- ◇ *150 g Butter*
- ◇ *100 g Semmelbrösel*

Quarkkäulchen

**Eine Empfehlung von
Lutz Stellmacher**

Möglichst mehlige Kartoffeln verwenden und am Vortag kochen und abdunsten lassen. Die Kartoffen reiben oder, besser, mit einer Kloßpresse quetschen.

Mit dem Quark, Mehl, den Eiern und Gewürzen, zuletzt den Korinthen, zu einem Teig verarbeiten. Wichtig ist die Konsistenz! Der Teig darf nicht nass sein oder kleben. Sonst Kartoffelmehl hinzufügen, bis er sich gut formen lässt. Bei festkochenden Kartoffeln ruhig etwas mehr Kartoffelmehl nehmen, das ist kein Problem.

Für die geriebene Zitronenschale nehmen Sie eine ungespritzte Zitrone oder Dr. Oetkers Zitronenschale, aus der Tüte. Niemals Ersatzstoffe oder Backaroma verwenden!, das verdirbt alles!

Klöße formen, in Mehl wälzen und zu ca. 1,5 cm dicken Scheiben flachklopfen. In einer Pfanne mit heißem Fett bei anfangs mittlerer, dann schwacher Hitze von beiden Seiten ca. 15 Minuten goldbraun braten.
Die fertigen Quarkkäulchen können mit Zucker bestreut und mit Apfelmus serviert werden.

Zutaten für 4 Personen:

◇ *500 g gekochte Kartoffeln*
◇ *150 g Mehl*
◇ *ggf. Kartoffelmehl*
◇ *375 g Quark*
◇ *65 g Zucker*
◇ *2 Eier*
◇ *Salz*
◇ *abgeriebene Zitronenschale*
◇ *1 Päckchen Vanillezucker*
◇ *50 g Korinthen*
◇ *reichlich Butterschmalz oder
   Margarine zum Braten*

» Quarkkäulchen, von mitteldeutsch »Kaule« (Kugel), auch
Quarkkeulchen geschrieben, sind ein typisch sächsisches
Gericht. Wir haben sie als Kinder besonders gern gegessen.
Am besten konnte sie meine Großtante Martha aus Zwickau
zubereiten. Bei ihr habe ich das Rezept erlernt.

Man kann die fertigen Quarkkäulchen einfrieren oder
am nächsten Tag aufbacken – praktisch, wenn die Kinder
aus der Schule kommen und schnell etwas essen wollen.

Gebäck

Finale

Schwarzwälder Kirschtorte

Eine Empfehlung von Silke Leicht

Zutaten:

Für den Teig:

- *150 g Zucker*
- *150 g Butter*
- *1 Päckchen Vanillinzucker*
- *5 Eier*
- *110 g gemahlene Haselnüsse*
- *75 g Mehl*
- *75 g Stärke*
- *1 Päckchen Backpulver*
- *Kakao*

Für die Füllung:

- *500 g entsteinte Sauerkirschen, davon 12 als Deko*
- *Kirschwasser*
- *4 Becher Schlagsahne*
- *4 Päckchen Sahnesteif*
- *1 Glas Sauerkirschmarmelade*
- *Borken-/Raspelschokolade*

Eier trennen, Eischnee schlagen. Übrige Zutaten schaumig schlagen und mit Kakao dunkel färben.
Den Eischnee unterrühren und in einer mit Backpapier ausgelegten Springform 40 – 50 Minuten bei 180° C backen. Nach dem Erkalten in 3 Lagen schneiden; für einen besonders dicken Boden die 1 ½-fache Menge verwenden.

Sahne mit Sahnesteif sehr steif schlagen und die Torte wie folgt füllen:
1. Lage: Nach Geschmack mit Kirschwasser tränken, Kirschen verteilen, Sahne daraufstreichen.
2. Lage: Die mit etwas Kirschwasser glatt gerührte Marmelade aufstreichen und Sahne darüber verteilen.

Deckel und Rand dick mit Sahne und geraspelter Schokolade sowie 12 Kirschen verzieren.

Leicht-Familienrezept nach Tante Hildegard – kann gut
am Vortag zubereitet werden. Deko-Kirschen dann erst kurz
vor Verzehr aufsetzen.

Obwohl und weil die Schwarzwälder Kirschtorte viel Aufwand
macht, gehört sie bei uns zu jeder großen Familienfeier –
zu unserer Hochzeit hatte die Tante gleich drei Kirschtorten
für uns gebacken und der eigentlichen Hochzeitstorte damit
komplett den Rang abgelaufen!

Die einzige Kritik an diesem wunderbaren Tortenrezept
kommt häufig von den männlichen Familienmitgliedern:
»Du hast zu wenig Kirschwasser verwendet!«

Natürlich kann man das Wässerchen auch zur Torte reichen...

Marzipankuchen

**Eine Empfehlung von
Waltraud Simpfendörfer**

Zutaten:

Für den Biskuitboden:

◊ *150 g Mehl*
◊ *150 g Zucker*
◊ *3 Eier*
◊ *3 EL lauwarmes
   Wasser*

◊ *Schokoladenguss*
◊ *dunkle Schokolade*
◊ *1 Paket (ca. 200 g)
   Marzipan*
◊ *4 EL Aprikosenmarmelade*

Eier trennen und das Eiweiß zu Eischnee schlagen. Eigelb mit dem lauwarmen Wasser verquirlen, Zucker zugeben und schaumig schlagen. Die Masse mit dem Mehl verrühren und den Eischnee unterschieben.

Eine Form von 22 cm Durchmesser fetten und mehlen. Die Biskuitmasse hineingeben und bei 150 – 170° C ca. 20 Minuten backen. Den Biskuitboden kalt werden lassen, aus der Form nehmen, den Boden mit einem scharfen Messer teilen und beide Seiten mit Aprikosenmarmelade bestreichen.

Marzipan dick ausrollen und eine Hälfte des Biskuitbodens damit belegen. Beide Hälften zum Kuchen zusammenklappen, den Kuchen mit Schokoladenguss überziehen und mit Marzipan verzieren.

Je nach Anlass kann man eine runde oder eine Herz-Form wählen. Mit Rosen aus Marzipan verziert sieht der Kuchen sehr festlich aus.

Diesen Kuchen habe ich zum 80. Geburtstag meiner Mutter kreiert. Seitdem wird er in unserer Familie sehr gerne gegessen.

Apfelstrudel
mit Vanilleeis

**Eine Empfehlung
von Sonja Schilg**

Zutaten:

◇ *300 g Mehl*
◇ *1 TL Backpulver*
◇ *150 g Margarine*
◇ *120 g Zucker*
◇ *2–3 EL Rosinen und*
  Rum zum Einlegen
◇ *1 Eigelb und etwas Milch*
◇ *5 EL Semmelbrösel*
◇ *5–6 Äpfel*
◇ *1 Päckchen Vanillinzucker*
◇ *3 EL gehobelte Mandeln*
◇ *pro Portion 1 Kugel Vanilleeis*

Mehl, Backpulver, Margarine und Zucker verkneten,
bis ein glatter, glänzender Teig entsteht.
Den Teig mit einer Frischhaltefolie abdecken und
für 30 Minuten in den Kühlschrank stellen.

Backblech einfetten. Die Äpfel schälen und reiben,
die Rosinen in Rum einlegen.

Den Teig auf 3–4 cm Dicke ausrollen und $^2/_3$ der Teigfläche
mit Semmelbröseln bestreuen. $^1/_3$ der bestreuten Fläche
mit den geriebenen Äpfeln, Rosinen, gehobelten Mandeln
und Vanillinzucker belegen. Die Äpfel können zur
Verfeinerung noch mit Zimt und Zucker bestreut werden.

Den belegten Teil in den restlichen Teig einrollen,
sodass die klassische Strudelform entsteht.

Im Backofen bei 180–200° C ca. 15 Minuten backen.
5 Minuten vor Ende der Backzeit mit Eigelb
(mit etwas Milch verquirlt) einpinseln.
Vor dem Servieren mit Puderzucker bestreuen und
zu einer Kugel Vanilleeis anrichten.

Meine Großmutter hat als junges Mädchen in Wien
als Köchin in einem wohlhabenden Haushalt gearbeitet
und dieses Rezept mitgebracht.

Sell

Lemon Meringue Pie

Eine Empfehlung von
Dr. Monica Thompson Meyer-Bohlen

Zutaten:

Für den Boden:

◇ 140 g Mehl
◇ 70 g Schweineschmalz
◇ 70 g Butter
◇ 60 ml kaltes Wasser
◇ 1 Messerspitze Salz

Für die Füllung:

◇ 200 g gesüßte Kaffeesahne (Kondensmilch)
◇ 65 ml Zitronensaft
◇ 60 g Zucker
◇ geraspelte Schale einer unbehandelten Zitrone
◇ 1 Ei mittlerer Größe

Aus den Zutaten für den Boden einen Teig herstellen, eine gefettete Springform damit auslegen (Durchmesser 18 cm) und bei mittlerer Hitze leicht anbacken.

Das Ei trennen und die Kaffeesahne, den Zitronensaft, Zitronenschale und das Eigelb mischen und auf den angebackenen Boden heben. Das Eiweiß mit der Hälfte des Zuckers steif schlagen, anschließend den übrigen Zucker unter die Masse heben, jedoch einen Rest übrig behalten. Die Eiweiß-Zucker-Mischung auf der Zitronenmasse verteilen, den Rest des Zuckers auf der Oberfläche.

Im Backofen bei 190° C ca. 5 – 10 Minuten backen, bis die Oberfläche ein wenig Farbe annimmt.

Das Rezept stammt von meiner französischen Großmutter, die lange in England lebte und französische Kochkunst mit britischer Tradition gut zu verbinden wusste. Ein mir unvergesslicher Lemon Meringue Pie, der in Frankreich unter dem Namen »Tarte aux Citrons« bekannt ist.

Wenn ich zum alljährlichen Neujahrskonzert der Dresdner Philharmonie nach Dresden reise, habe ich die Lemon Pie für meine Freunde mit im Gepäck.

Schokoladentorte

**Eine Empfehlung von
Lukas Hoof, 12 Jahre alt
Für wahre Liebhaber!**

112

Zutaten:

Für den Tortenboden:

◊ *5 Eier*
◊ *80 g Zucker*
◊ *100 g Butter*
◊ *80 g Puderzucker*
◊ *100 g dunkle Kuvertüre*
   (70% Kakao)
◊ *100 g Mehl*
◊ *Tortenring Ø ca. 22 cm*

Für die Schokoladenfüllung:

◊ *175 g Kuvertüre*
   (70% Kakao)
◊ *3 Eier*
◊ *200 g Sahne*
◊ *20 g Zucker*

Für die Glasur:

◊ *100 g dunkle Kuvertüre*
   (56% Kakao)
◊ *100 g Milch*
◊ *10 g Glukosesirup*
◊ *Schokoladenblätter o. ä.*
   zum Garnieren

Für den Tortenboden die Eier trennen. Das Eiweiß auf-schlagen, den Zucker nach und nach zugeben.

Die weiche Butter mit dem Puderzucker schaumig rühren. Eigelbe nach und nach zugeben. Den Backofen auf 160° C vorheizen.

Die Kuvertüre hacken, schmelzen, abkühlen lassen und bei 35° C in die Schaummasse rühren. Erst den Eischnee, dann das Mehl unterheben. Die Masse in einen Tortenring füllen und bei 160° C 40 Minuten backen.

Für die Schokoladenfüllung die Kuvertüre hacken und über dem heißen Wasserbad schmelzen. Die Eier trennen, die Sahne steif schlagen. Die Eigelbe und die geschlagene Sahne unter die Kuvertüre heben. Die Eiweiße mit dem Zucker zu Schnee schlagen und anschließend unter die Schokoladenmasse ziehen.

Den Tortenboden von der oberen Backkruste befreien und bei Bedarf auf 2 cm Höhe zurückschneiden. Den Boden in den Tortenring einlegen. Die Schokoladencreme auf dem Boden verteilen, die Oberfläche glatt streichen und die Torte 3 Stunden kalt stellen.

Für die Glasur die Kuvertüre hacken. Die Milch mit der Glukose aufkochen, über die Kuvertüre gießen und verrühren, bis die Masse eine glatte Konsistenz hat. Die Glasur auf 28° C temperieren, über die Torte streichen und diese 1 Stunde kalt stellen. Die Torte mit Schokoladen-blättern garnieren.

1. Versuch zum Geburtstag seiner Mutter, die ganze Familie war von seinen Backkünsten begeistert.
2. Versuch zum Geburtstag der Großeltern in Tschechien, sie staunten und ließen es sich schmecken.

Zum 80. Geburtstag will er seine Oma Edith mit einer zweistöckigen Schokoladentorte überraschen!

Vanillekipferl

Zutaten:

- ◇ *200 g Mehl*
- ◇ *180 g Butter*
- ◇ *1 Eigelb*
- ◇ *70 g geriebene Mandeln
  oder Haselnüsse*
- ◇ *80 g Staubzucker gemischt mit*
- ◇ *1 Päckchen Vanillinzucker*

Zum Wälzen:

- ◇ *200g Staubzucker mit
  3 EL Vanillinzucker mischen*

Mehl und Staubzucker sieben und mit Butter, Eigelb, Vanillinzucker, Salz und Mandeln/Nüssen zu einem glatten Teig kneten, 1 Stunde im Kühlschrank ruhen lassen.

Kleine Kipferln formen und bei 200° C 10 – 15 Minuten hell backen. Warm vom Blech nehmen und vorsichtig im Zucker-Vanille-Gemisch wälzen.

Vor einigen Jahren hatte ich die Gelegenheit, die Dresdner Philharmonie in der Avery Fisher Hall in New York zu hören, wo ich seit vielen Jahren lebe. Der warme Klang dieses wundervollen Orchesters war wie ein Gruß aus meiner alten Heimat Europa.

Eine liebe Erinnerung an Wien sind mir auch Vanillekipferln, die es bei uns früher nicht nur zu Weihnachten, sondern das ganze Jahr über gab.

Pfefferkuchen

Eine Empfehlung von
Kerstin Thieme

Zutaten:

- 250 g Sirup oder Kunsthonig
- 125 g Zucker
- 100 g Margarine
- 500 g Mehl
- 20 g Pfefferkuchengewürz
- 1 Prise Salz
- 5 g Pottasche
- 5 g Hirschhornsalz
- 2 EL Milch, Weinbrand oder Rum
- 50 g Zitronat
- 50 g Sultaninen
- 50 g Korinthen
- 1 Ei
- süße Mandeln oder Erdnüsse

Sirup, Zucker und Margarine erhitzen. Das gesiebte Mehl und die Gewürze mischen und die Triebmittel – Pottasche und Hirschhornsalz – jeweils getrennt in der Flüssigkeit – Milch, Weinbrand oder Rum – auflösen. Die abgekühlte Sirupmasse mit den übrigen Zutaten verarbeiten, dabei die fein gehackten Trockenfrüchte erst am Schluss zugeben.

Den möglichst zwei Tage abgelagerten Teig zu Rollen von 6 cm Durchmesser formen. Davon knapp ½ cm dicke Scheiben schneiden, mit verquirltem Ei bepinseln und mit abgezogenen Mandeln oder ausgekernten Erdnüssen verzieren. Auf gefettetem Backblech goldbraun backen.

Das Rezept stammt von meiner Schwiegermutter und wird tatsächlich jährlich verwendet. Aktiv war ich noch nicht an der Herstellung beteiligt, aber zuschauen und naschen ist auch ganz schön.

Die Pfefferkuchen sind außerordentlich lecker und haben die Besonderheit, dass sie immer mal wieder zwischen hartem und weichem Zustand pendeln. Man muss dann nur ein bisschen warten, dann sind sie wieder »beissbar«. Gelagert werden sie in großen Blechdosen.

In der Vorweihnachtszeit werden sie (jedenfalls bei mir) fast zu einer Art Hauptnahrungsmittel.

Selb

Vitae der Künstler   Goran Djurović

Foto: Viktor Groschedel

1952	geboren in Belgrad, Serbien
1969	Abitur
1975 – 1980	Studium an der Hochschule für Bildende Künste Dresden
1980	Diplom, Kandidat im Verband Bildender Künstler der DDR
1980 – 1981	freischaffend in Belgrad
ab 1981	freischaffend in Berlin (bis 1989 Ost und West)
1993	Stipendium der Stiftung Kulturfonds, Schloss Wiepersdorf
1998	1.Preis im Wettbewerb »Atrien« für eine Installation im Sternzentrum Potsdam-Drewitz

zahlreiche Ausstellungen im In- und Ausland in Galerien
und auf Kunstmessen

Goran Djurović lebt und arbeitet in Berlin.

Abbildungen auf S. 67, 104/105, 111

Hubertus Giebe

1953	geboren in Dohna bei Dresden
1974 – 1976	Studium der Malerei und Grafik an der Hochschule für Bildende Künste Dresden
1978	externes Diplom an der Hochschule für Grafik und Buchkunst Leipzug und ein Jahr Meisterschüler bei Bernhard Heisig
1979 – 1986	Assistent für Malerei und Grafik im künstlerischen Grundlagenstudium und in der Fachklasse von Günter Horlbeck an der HfBK Dresden Beginn eines umfangreichen Radierzyklus zu Günter Grass' Roman »Die Blechtrommel« (erscheint 1991 als bibliophile Buchausgabe im Verlag Volk und Welt Berlin)
1987	Dozent für Malerei und Grafik und eigene Fachklasse bis 1991 an der HfBK Dresden
1990 – 1991	Berufung durch den neuen Senat zum künstlerischen Prorektor an der HfBK Dresden
1990	Einzelausstellung zur 44. Biennale Venedig mit einer Bild-Raum-Installation »Geschichtsbilder«
1991	Wiederbeginn der freischaffenden Tätigkeit als Maler und Grafiker, ebenso entstehen erste Skulpturen in Bronze Mitglied im neu gegründeten Sächsischen Künstlerbund, ebenso im Neuen Sächsischen Kunstverein
1997	1. Preis für Grafik der »Nordwestkunst '97« der Kunsthalle Wilhelmhaven der Nordseeanliegerstaaten

Foto: Prof. Helfried Strauß © VG Bild-Kunst Bonn

2003	erscheint eine Monografie zum künstlerischen Werk im Verlag der Kunst Dresden
2004	Vertretungsprofessur für Malerei an der Universität Dortmund
2008	Wilhelm-Morgner-Preis für Malerei

seit 1990 zahlreiche Reisen nach West- und Nordeuropa, aber auch in die Vereinigten Staaten, Teilnahme an Kunstmessen und Biennalen weltweit

Abbildungen auf dem Titel und S. 82/83
© VG Bild-Kunst Bonn

Viktoria Graf

1985	geboren in Dresden
ab 2010	Meisterschüler Prof. H. P. Adamski
2007 – 2010	Fachstudium Prof. H. P. Adamski,
	Konsultationen Prof. Bömmels, Prof. Kerbach
	Studienaufenthalt Kroatien
2006 – 2007	Grundstudium Prof. E. Hopfe/R. Pagel/W. Hänsch
	Studienaufenthalt Spanien
2005 – 2010	Studium an der Hochschule für Bildende Künste
	Dresden, Fachrichtung Malerei/Grafik
2004 – 2005	ESB-Mediencollege, Dresden
	Arbeitsaufenthalt, Italien
2003 – 2004	Akademie Informations- und Kommunikations-
	design, Dresden

seit 2007 zahlreiche Ausstellungen und Projekte
im In- und Ausland

Abbildungen auf S. 23, 93

Foto: Micha Heinzig

Anton Paul Kammerer

1954	geboren in Weißenfels
1961 – 1971	Schulzeit in Dobichau und Merseburg
1971 – 1973	Berufsausbildung als Plakatmaler
	in Merseburg und Halle
	anschließend Grundwehrdienst
1975 – 1980	Studium Malerei/Grafik an der Hochschule
	für Bildende Künste Dresden
	u. a. bei Prof. Klotz, Horlbeck, Damme
1980	Diplom als Maler und Grafiker,
	seitdem freischaffend
	erste Collagen und Radierfolgen
1982	Mitglied bei B 53 (mit Jürgen Wenzel,
	Bernd Hahn und Andreas Küchler)
1983	Mitglied im Verband Bildender Künstler der DDR
1987	Wilhelm-Höpfner-Preis der Winckelmann-
	Gesellschaft
1990 – 1995	Reisen in die USA, Israel, Türkei
1997	Baubeginn des Atelierhauses in Burgstädtel
2000	Einzug in Burgstädtel, heute Ortsteil von Dohna
	Glückauf-Preis bei »100 Sächsische Grafiken«
2001	Mitglied im Bund Deutscher Sportschützen

zahlreiche Ausstellungen und Beteiligungen
im In- und Ausland

Abbildungen auf S. 25, 51, 61, 63, 98, 101, 107

Wolfgang Kühne

Lothar Sell

1952	geboren in Lückstedt (Altmark)
1968 – 1971	Berufsausbildung zum Agrochemiker in Klötze
1973 – 1978	Studium an der Hochschule für Bildende Künste Dresden
seit 1978	freischaffend als Maler und Grafiker in Dresden tätig

zahlreiche Ausstellungen im In- und Ausland

Abbildungen auf S. 8/9, 11, 18, 64, 77, 85, 97

1939	geboren in Treuenbrietzen, bei Verwandten auf dem Lande aufgewachsen
1957	Abitur
1957 – 1963	Studium an der Hochschule für Bildende Künste Dresden, Diplom bei Prof. Hans-Theo Richter
seit 1963	freischaffend tätig in Meißen
1966	Mitglied im Verband Bildender Künstler der DDR
1966 – 1969	Meisterschüler bei Prof. Hans-Theo Richter an der Akademie der Künste Berlin
1974 – 1988	Lehrbeauftragter für Keramik an der Hochschule für Industrielle Formgestaltung Halle
2008	verstorben

Abbildungen auf S. 15, 21, 29, 35, 40, 43, 47, 49, 52, 55, 59, 72, 95, 99, 103, 109, 112, 115

Stefan Plenkers

121

1945	geboren in Ebern bei Bamberg (Franken)
1946	Rückkehr der Familie nach Görlitz
1951 – 1963	Grundschule und Erweiterte Oberschule in Görlitz, Abitur
19611 – 1963	Besuch des Zeichenzirkels der Oberschule bei Werner Panitz, einem Meisterschüler von Otto Mueller
1963 – 1965	Lehre als Schriftsetzer in Görlitz, Facharbeiterabschluss erste Versuche in der Grafik
1965 – 1966	tätig als Schriftsetzer und typografischer Berater der Studenten in der Abteilung Typografie an der Hochschule für Grafik und Buchkunst Leipzig
1967 – 1972	Studium an der Hochschule für Bildende Künste Dresden bei Prof. Gerhard Kettner, Prof. Günter Horlbeck und Herbert Kunze, Diplom
1973 – 1975	freischaffend als Maler und Grafiker in Bad Muskau und Cottbus
1975	Rückkehr nach Dresden, seitdem freischaffend in dieser Stadt
1980	Reise nach Mittelasien
1980 – 1982	Meisterschüler bei Prof. Gerhard Kettner in Dresden
1986	Reisen nach Bagdad/Irak, Berlin (West) und in die BRD
1988	Reise nach China
1989	Reise nach Frankreich

1991	Reise nach Lappland/Finnland
1994	Reise in die USA mit den Malerfreunden Rainer Zille und Veit Hofmann
2005	Reise nach Indien Schiffsreise zum Nordkap

lebt als Maler und Grafiker in Dresden

Abbildungen auf S. 31, 68/69, 89

Jürgen Wenzel

1950	geboren in Annaberg/Erzgebirge
1967 – 1971	Ausbildung zum Porzellanmaler in der Staatlichen Porzellanmanufaktur in Meißen
bis 1968	Besuch der Zeichenschule in Meißen Bekanntschaft und Zusammenarbeit mit den Meißner Künstlern Wolfram Hänsch und Lothar Sell
1971 – 1975	Tätigkeit als Indischmaler in der Staatlichen Porzellanmanufaktur in Meißen
1975 – 1980	Studium der Malerei und Grafik an der Hochschule für Bildende Künste Dresden
1977	Ateliergemeinschaft mit Goran Djurovic
1980 – 1982	Tätigkeit als freischaffender Künstler in Meißen
seit 1982	Wenzel lebt und arbeitet in Dresden-Blasewitz Gründung des Atelier-Hauses und der Druckerei in der Bürgerstraße 53 (›B 53‹) mit Bernd Hahn, Andreas Küchler und Anton Paul Kammerer
1983	Mitglied im Verband Bildender Künstler der DDR
1984	Gründung der Edition ›B 53‹
1991	Gründung des Freundeskreises der ›B 53‹
1992	Umzug in die Grafikwerkstatt nach Burgstädtel

Foto: Frank Höhler

1997	Bau der drei Atelierhäuser mit Bernd Hahn und Anton Paul Kammerer
1998	im August Umzug nach Burgstädtel bei Dresden, wo er seitdem als Maler und Grafiker arbeitet

zahlreiche Einzel- und Gruppenausstellungen

Abbildungen auf S. 2/3, 17, 32, 38/39, 57, 74, 79, 91

Register der Rezepte

Register der Rezepte

Personenregister

Personenregister

Personenregister

Impressum

© 2011 Sandstein Verlag, Dresden

Herausgeber
Heide Süß und Julia Distler
für den Förderverein der
Dresdner Philharmonie

Redaktion
Heide Süß und Julia Distler

Lektorat
Dana Hildebrand
Sandstein Verlag

Gestaltung
Simone Antonia Deutsch
Sandstein Verlag

Satz und Reprografie
Sandstein Verlag

Druck und Verarbeitung
Grafisches Centrum
Cuno GmbH & Co. KG, Calbe

Fotos
Frank Höhler, Jürgen Kossatz

Die Deutsche Nationalbibliothek verzeichnet diese Publikation in der Deutschen Nationalbibliografie; detaillierte bibliografische Daten sind im Internet über http://dnb.ddb.de abrufbar.

www.sandstein-verlag.de
ISBN 978-3-942422-79-6